KATHARINA HILD   NIKOLA HILD

SO SCHMECKT'S IM SCHWÄBISCHEN

KATHARINA HILD   NIKOLA HILD

So schmeckt's im Schwäbischen

60 KLASSIKER AUS DER HEIMATKÜCHE

 SILBERBURG

Die Autorin:
Nikola Hild, Jahrgang 1958, ist gebürtige Tübingerin, studierte Empirische Kulturwissenschaft und Germanistik und ist derzeit als Gästeführerin in Tübingen tätig. Zusammen mit ihrer Schwester, Katharina Hild, veröffentlicht sie Reportagen und Sachbücher und ist Mitarbeiterin der Monatszeitschrift »Schöner Südwesten«.

Die Fotografin:
Katharina Hild, Jahrgang 1962, ist gebürtige Tübingerin. Nach Abschluss ihres Ingenieurstudiums gründete sie 1988 die Bildagentur Hild. Daneben arbeitet sie als Foto-Designerin mit den Schwerpunkten: Architektur, Kunst, Stillleben und Food.

Sollte dieses Werk Links auf Webseiten Dritter enthalten, so machen wir uns die Inhalte nicht zu eigen und übernehmen für die Inhalte keine Haftung.

1. Auflage 2018

© 2018 by Silberburg-Verlag GmbH,
Schweickhardtstraße 5a, D-72072 Tübingen.
Alle Rechte vorbehalten.
Umschlaggestaltung: Christoph Wöhler, Tübingen.
Coverfoto: Katharina Hild, Reutlingen; (c)_alexraths - 123RF.
Gestaltung: Silke Schüler, München.
Lektorat: Gertrud Menczel, Böblingen.
Printed in Slovenia by Florjancic.

ISBN 978-3-8425-2100-1

Ihre Meinung ist wichtig für unsere Verlagsarbeit.
Senden Sie uns Ihre Kritik und Anregungen an
meinung@silberburg.de

Besuchen Sie uns im Internet und entdecken Sie die Vielfalt
unseres Verlagsprogramms: www.silberburg.de

Inhaltsverzeichnis

Vorwort 7

Suppen

Alblinsen-Kastaniensuppe 9
Gaisburger Marsch 10
Hochzeitssuppe 12
Flädlesuppe 14
Maultaschen in der Brühe 16
Allgäuer Käsesuppe mit
Kräutercroûtons 18
Sauerampfersuppe mit
Bodensee-Saibling 20
Kartoffelsuppe mit Laugencroûtons 22
Hirnsuppe mit Eierstich 23
Remstäler Schneckensuppe 24
Ochsenschwanzsuppe
vom Limpurger Weideochsen 26
Grünkernsuppe 28

Fleisch- und Wildgerichte

Medaillons vom Schönbuch-
Wildschwein mit Wirsingküchle 31
Katzengschroi 32
Mostbraten 34
Stuttgarter Leberkäs im
Meerrettich-Senf-Mantel 36
Saure Kutteln mit Mostessig und
Bratkartoffeln 38
Sauerbraten vom Hohenloher Ochsen 40
Rinderrouladen mit Pinienkernen 42
Fleischküchle in Mandelumhüllung
mit Albkäsefüllung 44
Rehbraten mit Maronenspätzle 46
Saure Nierchen 48
Schwäbischer Hefezopf
mit Schinken-Käse-Füllung 49
Linsen und Spätzle 50
Zwiebelkuchen 52
Krautkrapfen vom Filderkraut 54
Lammkeule vom Alblamm mit
Backpflaumen gefüllt 56

Fischgerichte

Lachsfilet mit Zitronensauce und Wildreis ... 59

Lachs-Forellen-Terrine von der Neckarforelle ... 60

Filet vom Bodenseefelchen im Kräuterflädleteig auf Rahmsauerkraut ... 62

Lachsmaultaschen ... 64

Beschwipste Honauforelle ... 66

Ofenschlupfer vom Federsee-Zander auf Prinzessbohnen mit Zitronensauce ... 68

Forellencreme-Pralinen im Blätterteig ... 70

Bodensee-Fischtopf ... 72

Vegetarische Hauptspeisen

Luggeleskäs mit frischem Walnussbrot ... 75

Ulmer Spargel mit Rhabarber-Vinaigrette ... 76

Pfannkuchen mit Mangoldgemüse und Pinienkernen ... 78

Maronenbraten ... 80

Saure Kartoffelrädle ... 81

»Tarte« mit Gaishirtle und Ziegenkäse ... 82

Polenta-Spinat-Roulade auf Alblinsen ... 84

Kürbis-Ofengemüse mit Ziegenkäse im Honig-Nuss-Mantel ... 86

Pfitzauf mit Sauerampfer ... 88

Walnussküchle auf Zuckerschoten mit Kürbissauce ... 90

Kräuterwaffeln mit Parmesan und Kräuterdip ... 92

Albzarella-Dinnete mit Tomaten und Basilikum ... 94

Thymian-Dampfnudeln auf Pilzragout ... 96

Vegetarische Maultaschen mit Pilz-, Paprika-, Spinatfüllung ... 98

Hefeknöpfle auf grünen Bohnen mit Semmelbrösel-Schmelze ... 100

Süßspeisen

Osterlamm mit Chaudeausauce ... 102

Apfelkratzete von der Gewürzluike mit Lavendeleis ... 104

Ernteküchle ... 106

Holunderblütenküchle ... 108

Ofenschlupfer ... 110

Gefüllte Pfannkuchen mit Erdbeeren ... 111

Apfelmaultaschen mit Kernercreme ... 112

Nonnenfürzle ... 114

Kirschenmichel mit Kirschgrütze und Kirschsahne ... 116

Stuttgarter Weincreme mit Schneebällchen ... 118

Register ... 119

Vorwort

Die ursprünglich deftige, bodenständige schwäbische Küche, der zuweilen ein Mangel an Raffinesse bescheinigt wurde, hat in den vergangenen Jahren vielerlei Innovationen erfahren.

Zahlreiche ehemalige Arme-Leute-Gerichte wurden von der modernen Gastronomie aufgegriffen, teilweise mit eingewanderten Produkten veredelt und in neuem Gewand präsentiert. So hat unsere Traditionsküche ein Stück weit ihren schlechten Ruf der kalorienlastigen Behäbigkeit verloren.

Gleichzeitig verfügen wir über wertvolle regionale Produkte, die längst weit über das Schwabenland hinaus vertrieben werden. Manche waren zeitweise in Vergessenheit geraten und fast schon vom Aussterben bedroht. Ihre Wiederbelebung verdanken wir teilweise mutigen schwäbischen Querdenkern, die sich weder von hämischen Kommentaren noch von verschwundenem Saatgut oder fehlenden Zuchttieren aufhalten ließen. So mancher von Slow Food hoch gelobte Archepassagier stammt aus dem Ländle.

Wir Schwaben dürfen also getrost unser angeblich genetisch bedingtes Understatement aufgeben. Denn unsere Küche muss sich nicht verstecken. Ganz im Gegenteil: Sie zeichnet sich durch großartige Vielfältigkeit und wunderbare heimische Produkte aus.

Manche landestypischen Gerichte haben ihre Beliebtheit nie eingebüßt, andere gerieten dagegen im Sog der Wirtschaftswunderjahre in Vergessenheit. Schmalhans war nicht länger Küchenmeister. Dank Vollbeschäftigung und Wirtschaftswachstum blickte nun auch die breite Masse der Bevölkerung auf gut gefüllte Teller. Gleichzeitig brachten zahlreiche, seinerzeit als »Gastarbeiter« bezeichnete Einwanderer neue kulinarische Impulse. Pizza, Spaghetti und Co avancierten zu Alltagsgerichten, während etliche schwäbische Traditionsspeisen an Bedeutung verloren.

Glücklicherweise erfasste dann die Renaissance der schwäbischen Küche nicht nur die Spitzengastronomie. Auch zu Hause wird wieder regional gekocht, wobei etliche Produkte, die wir durch Einwanderer kennengelernt haben, unseren Speiseplan bereichern.

Das vorliegende Kochbuch präsentiert sowohl traditionelle schwäbische Gerichte als auch etliche Neuinterpretationen. Es soll seine Leser vor allem zum Kochen anregen – egal, ob sie bereits versierte Profis sind oder über weniger Kocherfahrung verfügen.

Dabei soll auch die Geschichte hinter den Rezepten nicht zu kurz kommen. Denn unsere Ernährungsgewohnheiten wurzeln letztendlich in historischen sozialen und wirtschaftlichen Gegebenheiten, die die Entwicklung und Entstehung der schwäbischen Küche geprägt haben.

Suppen

Nach dem Zweiten Weltkrieg wurde der kommerzielle Linsenanbau auf der Schwäbischen Alb aufgegeben. Die Erträge waren zu bescheiden, die Ernte und die Reinigung der Hülsenfrüchte zu arbeitsintensiv. Gleichwohl verschwanden sie nicht von der heimischen Speisekarte, wurden nun aber aus anderen Ländern bezogen oder gleich als Dosenkost verzehrt.

Schließlich erfolgte in den 1980er-Jahren des vorigen Jahrhunderts eine Rückbesinnung auf die einstmals traditionelle Alblinse. Nur – das traditionelle Saatgut war verschwunden und ließ sich trotz intensiver Suche zunächst nicht wieder auftreiben. So begann die Renaissance der »Alb-Leisa« mit dem Anbau einer französischen Linsensorte, die für das eher unwirtliche Klima der Schwäbischen Alb widerstandsfähig genug war und sich rasch großer Beliebtheit bei den Konsumenten erfreute.

Erst 2006 wurden in der Waliwow-Genbank von St. Petersburg die alten schwäbischen Linsensorten »Späth's Alblinse I und II« wiederentdeckt. Mittlerweile gelten die Linsen von der Schwäbischen Alb als besondere regionale Köstlichkeit, die zudem einen großen Beitrag zur Erhaltung der Artenvielfalt leistet.

Alblinsen-Kastaniensuppe

ZUBEREITUNG

Maronen und Alblinsen kurz in Olivenöl andünsten, Curry zugeben und mit der Gemüsebrühe aufgießen. Dann lässt man die Suppe so lange vor sich hin köcheln, bis Kastanien und Linsen weich genug zum Pürieren sind, wofür etwa 45 Minuten veranschlagt werden sollten.

Die Suppe mit einem Pürierstab fein pürieren, Crème fraîche unterrühren, mit weißem Pfeffer und Blütensalz abschmecken. Mit Kräutern verzieren.

Einkaufszettel

ZUTATEN FÜR VIER PERSONEN

150 g Alblinsen

150 g gekochte Maronen

1 l Gemüsebrühe

100 g Crème fraîche

Blütensalz, weißer Pfeffer

1 EL Curry

Olivenöl zum Andünsten

evtl. Kräuter zum Verzieren

Suppen

Gaisburger Marsch

Mehrere Legenden ranken sich um das schwäbische Traditionsgericht. Die populärste Version berichtet, dass die Offiziersanwärter der Stuttgarter Bergkaserne vor dem Ersten Weltkrieg mit Vorliebe in der nahe gelegenen Gaisburger Wirtschaft »Bäcka-Schmiede« speisten. Dort servierte ihnen die Wirtin eine kräftige Suppe mit Rindfleisch, Spätzle, Kartoffelschnitzen und Gemüse. So soll der heutige Stuttgarter Stadtteil zum Namensgeber der berühmten schwäbischen Spezialität geworden sein.

Einer anderen Version zufolge sollen Soldaten des damaligen Dorfes Gaisburg ein gutes Stück von ihrer Heimat entfernt in Gefangenschaft geraten sein. Ihre Frauen erhielten die Erlaubnis, den Männern jeden Tag eine Schüssel voll Essen zu bringen. Um die Soldaten mit der geringen Nahrungsmenge bei Kräften zu halten, packten die Gaisburgerinnen alles, was sättigend und wohlschmeckend ist, in eine kräftige Fleischbrühe. Dieses Gericht schleppten sie dann auf einem langen Marsch zu ihren Männern ins Gefangenenlager.

Die schönen Legenden zur Herkunftsgeschichte des Namens Gaisburger Marsch lassen sich allerdings bis heute nicht belegen. Ganz im Gegenteil: Neuere Forschungen gehen davon aus, dass die Bezeichnung erst im Zusammenhang mit den von der NS-Regierung aus ideologischen Gründen seit 1933 propagierten Eintopfsonntagen aufkam.

Das Gericht selbst ist jedoch mit Sicherheit deutlich älter. Denn es erscheint bereits Ende des 19. Jahrhunderts in einem schwäbischen Kochbuch.

Der angebliche Ursprungsort, die Gaisburger Wirtschaft »Bäcka-Schmiede« scheint jedenfalls als Namensgeber nicht in Frage zu kommen. Sie war vor dem Ersten Weltkrieg, als die Offiziersanwärter regelmäßig zum Essen dorthin gepilgert sein sollen, eine Weinstube mit Konditorei. Und auch im Rahmen von Firmenjubiläen, die teilweise von Publikationen in epischer Breite begleitet wurden, erfolgte niemals die Erwähnung des legendären Gaisburger Marsches.

ZUBEREITUNG

Fleisch, Knochen, Gelbe Rüben und Gemüse in einem großen Topf in etwa zwei Liter Wasser geben und eineinhalb bis zwei Stunden köcheln lassen. Dann wird das Suppenfleisch herausgenommen und in nicht zu große Würfel geschnitten.

Kartoffeln waschen, schälen und in Schnitze schneiden. Anschließend in die Brühe geben und so lange garen lassen, bis sie weich sind. Die Brühe mit Salz, Pfeffer und Muskat würzen und das gewürfelte Suppenfleisch hinzugeben.

Zwischenzeitlich werden die Zwiebeln geschält, in Ringe zerkleinert und angebräunt, die Spatzen in Butter geschwenkt. Beides zum Eintopf geben. Vor dem Servieren nochmals abschmecken und mit fein geschnittenem Schnittlauch bestreuen.

Suppen

Einkaufszettel

ZUTATEN FÜR VIER PERSONEN

500 g Suppenfleisch
500 g Suppenknochen
5 Gelbe Rüben
1 Stange Lauch
1 bis 2 Zwiebeln
500 g Kartoffeln
500 g Spätzle
Salz, Pfeffer, Muskat
Schnittlauch

Suppen

Hochzeitssuppe

»Dend Wasser nei, d' Leit müssed gessa han!« – Wenn in der nicht immer so guten alten Zeit ein armes schwäbisches Brautpaar heiratete, war es zuweilen notwendig, die Suppe mit Wasser zu strecken, um die Hochzeitsgesellschaft satt zu bekommen. Denn traditionell wurde das ganze Dorf zur Hochzeitsfeier eingeladen.

Während sich die Dorfbewohner zumeist mit einer Suppe begnügen mussten, erhielten die Familienmitglieder in aller Regel ein etwas besseres Essen, das man sich allerdings nicht allzu üppig vorstellen darf.

Daraus könnte man schließen, dass die Hochzeitssuppe zu den zahlreichen schwäbischen Gerichten zählt, die aus der Not geboren wurden. Dabei ist genau das Gegenteil der Fall: Im Mittelalter war es bei allen sozialen Schichten in Württemberg üblich, Hochzeitsfeste aufwändig zu gestalten. Die angeblich geizigen Schwaben wollten sich nicht lumpen lassen, auch wenn sie dabei Schulden oder gar den wirtschaftlichen Ruin riskierten.

Daher wurde die Anzahl der Gänge eines Hochzeitsessens gesetzlich eingeschränkt, wodurch insbesondere weniger begüterte Leute daran gehindert werden sollten, sich durch die Ausrichtung einer Hochzeit in finanzielle Schwierigkeiten zu bringen.

Die schlauen Schwaben haben jedoch ganz einfach die Obrigkeit überlistet und die gesetzliche Beschränkung der Speisegänge bei Hochzeiten umgangen, indem sie die Hochzeitssuppe »erfanden«, die mit einer ausgesprochen üppigen Anzahl von Beilagen versehen ist.

Sie steht heute zumeist am Anfang des Hochzeitsmenüs und kann unter anderem mit kleinen Maultäschle, Grießklöße, Leberspätzle, Backerbsen, Brätklöße, Eierstich, Markklöße und Flädle versehen sein. Zumeist besteht die Hochzeitssuppe aus drei verschiedenen Einlagen, die je nach regionalen Gegebenheiten und familiären Traditionen variieren können.

ZUBEREITUNG

Für die Brühe Fleisch, Gemüse und Knochen in ca. 2 Liter Wasser aufkochen und 3 bis 4 Stunden vor sich hin köcheln lassen. Knochen und Siedfleisch entfernen. Die Brühe durch ein Sieb in einen anderen Topf gießen. Mit Salz, Pfeffer, Muskatnuss und bei Bedarf etwas Instantbrühe abschmecken. Mit frisch geschnittenem Schnittlauch oder Peterling servieren!

Für die Grießklöße das Ei verquirlen und die Butter schaumig rühren. Beides mit Grieß, Salz und Muskatnuss vermengen. Gut vermischen und eine Stunde ruhen lassen. Dann formt man mit einem kleinen Löffel Klöße aus der Masse und lässt diese 10 Minuten in der kochenden Fleischbrühe ziehen.

Für die Markklöße wärmt man das Mark auf, bis es flüssig ist, lässt es etwas abkühlen, ehe es zuerst mit der Butter, dann mit den Eiern, Gewürzen und dem Weckmehl so lange verrührt wird, bis eine feste Masse entstanden ist. Daraus formt man mit den Händen kleine Klößchen, die man in der leicht siedenden Brühe etwa 10 Minuten ziehen lässt.

Für die Brätklöße Kalbsbrät, Gewürze und Ei vermischen. Bei Bedarf etwas Weckmehl beifügen. Mit einem kleinen Löffel sticht man die Brätklöße ab und lässt sie in der heißen Brühe ziehen.

Einkaufszettel

ZUTATEN FÜR VIER PERSONEN

FÜR DIE BRÜHE

ca. 2 l Wasser

500 g Siedfleisch

3 bis 4 Markknochen

5 Gelbe Rüben

1 kleine Sellerie

¼ Kopf Weißkraut

1 Stange Lauch

Salz, Pfeffer, Muskatnuss

evtl. etwas Instantbrühe

Schnittlauch oder Petersilie

FÜR DIE GRIESSKLÖSSLE

40 g Butter

60 g Grieß

1 Ei

Salz, Muskatnuss

FÜR DIE MARKKLÖSSLE

80 g Rindermark

50 g Butter (zimmerwarm)

2 Eier

50 g Weckmehl

Salz, Pfeffer, Muskatnuss

FÜR DIE BRÄTKLÖSSLE

200 g Brät vom Kalb

1 Ei

Salz, Pfeffer, etwas Weckmehl

Suppen

Flädlesuppe

Suppen

"Auf einfache Gerichte, mit denen sich unsere Vorfahren begnügten, sieht man verächtlich herab", klagte der aus der Gegend von Meßkirch stammende Prediger Abraham a Santa Clara in der zweiten Hälfte des 17. Jahrhunderts. Seine Kritik galt den üppigen, barocken Essgewohnheiten der reichen Oberschicht, zu deren verfeinertem Speiseplan täglich aufwändig zubereitete Fleisch- und Fischgerichte sowie Obst und Gemüse zählten, während sich die breite Bevölkerung zumeist mit einfachen Mehlspeisen zufriedengeben musste und nicht immer in den Genuss eines vollen Magens kam.

Obwohl sich die Ernährungsgepflogenheiten der verschiedenen gesellschaftlichen Schichten heute nicht mehr groß unterscheiden und Mehlspeisen kaum noch als billige Sattmacher für arme Leute dienen, zählt das Schwabenland nach wie vor zu den traditionellen Getreideregionen. Während der Schwabe Kartoffeln mit gesundem Misstrauen betrachtet, ist sein Verhältnis zu allen Gerichten, die aus Mehl zubereitet werden, umso inniger.

Es ist daher nicht weiter erstaunlich, dass ausgerechnet ein einfaches Gericht aus Mehl, Eiern und Milch bis heute zu den Herzstücken der schwäbischen Küche zählt. Pfannkuchen, die sich in unserer Region durch ihre goldbraune Färbung und ihre nicht schaumige, sondern fast durchsichtige »Schlankheit« auszeichnen, sind ebenso preisgünstig wie sättigend und lassen sich in vielerlei Variationen zubereiten.

Für unsere nicht gerade auf Rosen gebetteten Vorfahren hatten sie zudem den Vorteil, dass man etwaige Reste am Folgetag als Flädlesuppe auf den Tisch bringen konnte. Einfach aufrollen, in dünne Streifen schneiden und als herzhafte Beilage in eine Brühe geben.

Wer heute eine Flädlesuppe zubereitet, verwendet allerdings zumeist keine Reste vom Vortag, sondern fertigt die Flädle eigens – besonders hauchdünn – an. Traditionell versenkt man sie in Fleischbrühe. Wer sie vegetarisch genießen möchte, wählt Gemüsebrühe.

ZUBEREITUNG

Zunächst gibt man Mehl und Milch in eine Schüssel und verrührt das Ganze zu einem glatten flüssigen Teig. Dann werden die Eier und das Salz zugegeben und der Teig nochmals gut verrührt.

Anschließend lässt man die Butter beziehungsweise das Butterschmalz in einer sehr heißen Pfanne zergehen, gibt den Teig portionsweise in die Pfanne und backt daraus hauchdünne Flädle. Den Vorgang wiederholt man so lange, bis der Teig aufgebraucht ist.

Anschließend werden die fertigen Flädle aufgerollt, fein geschnitten und in die heiße Fleisch- oder Gemüsebrühe gegeben. Mit Schnittlauchröllchen bestreuen und mit Kartoffelsalat servieren, wobei echte Schwaben den Kartoffelsalat vorzugsweise in der Brühe genießen.

Einkaufszettel

ZUTATEN FÜR VIER PERSONEN

200 g Mehl
250 ml Milch
3 Eier
1 TL Salz
Butter oder Butterschmalz
2 l Fleisch- oder Gemüsebrühe
Schnittlauch

Suppen

Maultaschen in der Brühe

Suppen

Die Entstehungslegende der schwäbischen Maultaschen zählt zu den urtypischen Mythen unserer Region. Schließlich vereinigt sie etliche Elemente, die auch als elementare Bestandteile des schwäbischen Charakters gelten: Sparsamkeit, Einfallsreichtum, Schlitzohrigkeit und Kreativität spielen darin eine zentrale Rolle.

Die Geschichte der »Herrgottsb'scheißerle« wurde oft erzählt und ist doch zu schön, um sie an dieser Stelle zu unterschlagen: Die Mönche des Zisterzienserklosters Maulbronn ernährten sich von fleisch- und fettloser Kost. Denn die strenge Ordensregel gestattete lediglich den gelegentlichen Verzehr von Fischen. Ausgerechnet während der Fastenzeit erhielten sie ein großes Stück Fleisch geschenkt. Das brachte sie in arge Gewissensnot. Zwar verboten sowohl die Ordensregel als auch das Fastengebot den Verzehr des Fleisches, seine Vernichtung wäre aber auch alles andere als gottgefällig gewesen.

Am Ende trug der schwäbische Erfindergeist den Sieg davon. Die Zisterziensermönche zerkleinerten das Fleisch, verfeinerten es mit Kräutern aus dem klostereigenen Garten und versteckten es vor den Augen des Heilands in Teigtaschen.

Allerdings ist der Entstehungsort des schwäbischen Klassikers umstritten. Manche halten die schwäbische Spezialität gar für eine simple Abwandlung italienischer Ravioli oder russischer Piroggen, die sozusagen nach Schwaben eingewandert sind.

Vermutlich entstanden die Maultaschen jedoch unabhängig von ihren fernen Verwandten als typische schwäbische Resteverwertung: Man zerhackte das vom Vortag übrig gebliebene Fleisch, streckte es mit alten Wecken, Kräutern, zuweilen auch Spinat, Speck oder Brät, packte es in einen Nudelteig und schuf so aus Speiseresten eine neue schmackhafte Mahlzeit.

Dass Maultaschen zu den Nationalheiligtümern Schwabens zählen, ist unbestritten. Uneinigkeit herrscht allerdings bezüglich der Frage, ob Spinat zur Füllung einer traditionellen Maultasche gehört.

ZUBEREITUNG

Mehl auf eine Arbeitsfläche geben und in der Mitte eine Mulde formen. Die restlichen Zutaten für den Nudelteig in die Vertiefung geben. Daraus knetet man einen festen Teig, den man, wenn er die richtige Konsistenz – nicht zu trocken und nicht zu klebrig – erreicht hat, in Frischhaltefolie 20 bis 30 Minuten im Kühlschrank ruhen lässt.

Nachdem man die Eier für die Füllung gut verquirlt hat, vermischt man sie mit Hackfleisch und Brät. Petersilie fein schneiden, zu der Fleischmasse geben. Mit Salz, Pfeffer und Muskat würzen und gut vermischen.

Einkaufszettel

ZUTATEN FÜR VIER PERSONEN

2 l Fleischbrühe
(siehe Rezept Hochzeitssuppe)

FÜR DEN NUDELTEIG

250 g Mehl

2 Eier

½ Schnapsglas Öl

FÜR DIE FÜLLUNG

250 g gemischtes Hackfleisch

200 g Kalbsbratwurstbrät

2 Eier

1 Bund Petersilie

Salz, Pfeffer, Muskat

Schnittlauch

Nudelteig auf einer leicht bemehlten Arbeitsplatte mit einem Nudelholz dünn auswellen und in Streifen schneiden. Füllmasse in kleinen Häufchen auf die untere Hälfte der Teigstreifen setzen, um die Füllung mit Wasser bestreichen, die obere Hälfte darüberklappen und an den Rändern festdrücken. Anschließend rund zehn Minuten in der Brühe köcheln. Schnittlauch darübergeben und servieren.

Suppen

Allgäuer Käsesuppe mit Kräutercroûtons

Das Allgäu zählt heute zu den wichtigsten Käseregionen in Europa. Das Landschaftsbild der Region wird ganz wesentlich von grasenden Kühen auf saftigen Weiden geprägt. Denn die Milchwirtschaft ist neben dem Tourismus einer der bedeutendsten Erwerbszweige des »grünen« Landstrichs.

Bis ins 19. Jahrhundert hinein verband man allerdings die süddeutsche Gegend mit der Farbe Blau, was dem blau blühenden Flachs geschuldet ist, der dort seit dem Mittelalter allgegenwärtig war. Seinerzeit gehörte das Allgäu zu den führenden Zentren des Flachsanbaus, Flachshandels und der Textilverarbeitung in Deutschland. Das änderte sich, als der Flachs zunehmend durch die preisgünstigere Baumwolle verdrängt wurde. Zahlreiche Allgäuer Bauernfamilien verloren dadurch ihre Existenzgrundlage. Viele wanderten notgedrungen nach Amerika aus.

Abhilfe brachte die Förderung neuer Erwerbszweige: Milchwirtschaft und Käseherstellung. Das heutige Käseparadies war seinerzeit jedoch buchstäblich noch ein Entwicklungsland, was die Käseproduktion anbetrifft. Die notwendige Fertigkeit ist Schweizer Sennern zu verdanken, die ab 1821 von weitblickenden Pionieren ins Allgäu gerufen wurden.

In der Heimat der eidgenössischen Entwicklungshelfer blickte die Käseherstellung seinerzeit bereits auf eine jahrtausendealte Tradition zurück. Insbesondere im Engadin und im Silvrettagebirge schätzte man den energiereichen und lange haltbaren Kraftspender, der ebenso wie geräucherte Wurst und getrockneter Speck die Vorratshaltung bereicherte.

Das Allgäu verdankt den Helvetiern vor allem den Allgäuer Emmentaler. Der Name verweist auf die ausländischen Wurzeln des Käses, der nach Art des Schweizer Emmentalers aus Allgäuer Milch hergestellt wird.

ZUBEREITUNG

Die Zubereitung der Fleischbrühe ist im Rezept »Hochzeitssuppe« beschrieben. Für die Käsesuppe reibt man zunächst den Käse. Dann wird das Eigelb mit etwas Milch oder Sahne verquirlt. In die zerlassene Butter wird das Mehl eingerührt und mit der Fleischbrühe aufgegossen. Das Ganze aufkochen lassen, dann den Käse nach und nach zugeben und so lange rühren, bis er zerschmolzen ist. Anschließend wird die Suppe vom Herd genommen und mit dem verquirlten Eigelb legiert. Mit Salz, Pfeffer und Zucker abschmecken. Nicht mehr aufkochen lassen, da sonst das Eiweiß ausflockt.

Für die Kräutercroûtons den Schnittlauch und die Petersilie gründlich waschen und klein schneiden. Dann das Weißbrot würfeln und zusammen mit den Kräutern in Butter goldgelb anbraten. Vor dem Servieren auf die Suppe geben und nach Belieben mit fein geschnittenem Schnittlauch bestreuen.

Einkaufszettel

ZUTATEN FÜR VIER PERSONEN

FÜR DIE KÄSESUPPE

2 l Fleischbrühe (siehe Rezept Hochzeitssuppe)

50 g Butter

50 g Mehl

200 g Emmentaler Käse

1 Eigelb

etwas Milch oder Sahne

Salz, Pfeffer, 1 Prise Zucker

FÜR DIE KRÄUTERCROÛTONS

2 Scheiben Weißbrot

20 g Butter

Schnittlauch, Petersilie

Suppen

Sauerampfersuppe mit Bodensee-Saibling

Seit der Antike hat Schwaben zahlreiche tierische und pflanzliche Einwanderer erlebt. Nicht alle werden als willkommene Bereicherung betrachtet. So wecken die vermehrungsfreudigen spanischen Nacktschnecken und der von den Römern eingeführte unausrottbare Giersch selbst bei friedliebenden Hobbygärtnern ungeahnte Mordgelüste.

Suppen

Einkaufszettel

ZUTATEN FÜR VIER PERSONEN

275 g Sauerampfer

1 l klarer Gemüsefond oder Rinderfond

250 ml Sahne

1 Eigelb

Pfeffer, Salz

4 kleine Filets vom Bodensee-Saibling

Dill

ZUBEREITUNG

Die Sauerampferblätter gründlich waschen und die Stiele entfernen. Anschließend in einer Pfanne kurz andünsten und fein pürieren. Dann streicht man den pürierten Sauerampfer durch ein Sieb in den Fond und lässt diesen aufkochen. Die Sahne mit dem Eigelb vermengen und damit die Suppe legieren. Mit Pfeffer und Salz abschmecken.

Bei den Fischfilets eventuell noch vorhandene Gräten mit einer Pinzette entfernen. Mit Pfeffer und Salz würzen, aufrollen und mit einem Spieß fixieren. In Olivenöl anbraten und zusammen mit der Suppe in einem Teller mit Dill bestreut und einigen kleinen Sauerampferblättern anrichten.

Andere Migranten erfreuen sich wesentlich größerer Beliebtheit und sind aus der heimischen Küche schon lange nicht mehr wegzudenken. Man denke nur an Tomaten, Kartoffeln und Rhabarber, die längst einen festen Platz auf der schwäbischen Speisekarte einnehmen.

Während Letztere jedoch bereits vor Jahrhunderten nach Europa gelangten, ist der Saibling ein relativ junger Einwanderer. Er wurde erst 1884 in unseren Breitengraden eingebürgert, fand jedoch auch bei uns ideale Lebensräume. Dabei kann er Gewässerverschmutzung und Gewässerversauerung besser ertragen als die meisten anderen Fischarten und daher auch in begradigten, schnell fließenden und durch die Wasserwirtschaft denaturierten Bächen existieren.

Allerdings kann am Bodensee heute nicht mehr von Verschmutzung die Rede sein. Ganz im Gegenteil. Das schwäbische Meer ist mittlerweile so sauber, dass die Fische in Folge des niedrigen Phosphatgehalts viel zu wenig zu fressen finden. Häufig rutschen ihre schlanken Körper buchstäblich durch die Maschen der Fangnetze Die Berufsfischer kämpfen um ihre Existenz und die örtliche Gastronomie ist zusehends gezwungen, Fische aus anderen Gewässern auf die Speisekarte zu setzen. Pessimisten befürchten das Ende der traditionellen Bodenseefischerei und die Einfuhr von womöglich mit Antibiotika behandelten Fischen aus dem Ausland.

Das Problem der Mangelernährung betrifft allerdings in erster Linie die beliebten Bodenseefelchen. Saiblinge sind nicht nur robuster, sondern stammen heute auch überwiegend aus Zuchtbetrieben, so genannten Aquakulturen, wodurch sie ganzjährig verfügbar sind.

Ihr festes schmackhaftes Fleisch eignet sich für zahlreiche Zubereitungsarten. Ob gegrillt, gebraten oder geräuchert, Saibling ist stets ein Hochgenuss.

Eine besondere geschmackliche Bereicherung ergibt sich aus der Verbindung mit Sauerampfer. Im Gegensatz zum Saibling zählt er zu den schwäbischen Urgesteinen.

Suppen

Einkaufszettel

ZUTATEN FÜR VIER PERSONEN

1 mittelgroße Karotte

1 Stück Sellerie

2 mittlere Zwiebeln

6 große Kartoffeln

Butterschmalz

50 bis 100 ml Sahne (nach Geschmack)

Pfeffer, Salz

Frischer Majoran oder Thymian (nach Geschmack)

Saitenwürstchen

Laugengebäck

Schnittlauch

Kartoffelsuppe mit Laugencroûtons

Obwohl Kartoffeln Ende des 16. Jahrhunderts erstmals in Deutschland im schwäbischen Wiesensteig angebaut wurden, haben die Schwaben kein besonders herzliches Verhältnis zu der nahrhaften Frucht entwickelt. Man liebt sie hierzulande als Kartoffelsalat und akzeptiert sie neben Spätzle als Beilage zu Gaisburger Marsch.

Echte Wertschätzung erfährt die Knolle allerdings in Suppenform. Denn eine Erdäpfelsuppe bietet alles, was des Schwaben Herz begehrt, und schmeckt ganz besonders herzhaft mit Brezelcroûtons, wobei für Fleischliebhaber Saitenwürstchen nicht fehlen dürfen.

ZUBEREITUNG

Kartoffeln, Karotte und Sellerie waschen, schälen und in kleine Würfel schneiden. Die Zwiebeln schälen, klein schneiden und mit dem Butterschmalz gut anbraten. Gemüse hinzugeben, kurz scharf anbraten und dann mit Wasser ablöschen. Mehr Wasser zugeben, bis das Gemüse zwei Finger breit mit Wasser bedeckt ist. Köcheln lassen, dabei eventuell mehr Wasser hinzugeben, damit alles immer bedeckt bleibt. Sobald alles gar ist, den gehackten Majoran oder Thymian zugeben und alles pürieren. Sahne hinzugeben und mit Pfeffer und Salz abschmecken.

Saitenwürstchen in Wasser erhitzen. Laugengebäck in kleine Würfel schneiden und mit Butterschmalz anrösten. Suppe nochmals erwärmen und mit den Croûtons, den Würstchen und mit Schnittlauch bestreut anrichten.

Hirnsuppe mit Eierstich

Nur wenige Menschen betrachten Hirngerichte als schmackhafte Delikatesse. Die große Mehrheit empfindet sie eher als Zumutung. Gleichwohl waren Kalbs-, Schweins- und Lammhirn noch bis Mitte vorigen Jahrhunderts aus unserer Küche nicht wegzudenken. Entsprechend vielfältig waren die Rezepte. Hirn wurde als Suppe, mit Ei überbacken oder als Kalbsbrustfüllung genossen.

Heute würde man von Nachhaltigkeit sprechen. In der Vergangenheit war es jedoch schlichtweg überlebensnotwendig, alle für den menschlichen Verzehr geeigneten Teile des Tieres zu verspeisen.

ZUBEREITUNG

Aus Knochen, Gemüse und Gewürzen eine kräftige Brühe kochen. Das Kalbshirn 30 Minuten wässern, die Haut abziehen und das Hirn in einem Sud aus den genannten Zutaten garen.

Für den Eierstich die Zutaten gut vermengen und in einem gefetteten Gefäß im Wasserbad vorsichtig garen (nicht kochen!), bis das Ei stockt. Nach dem Abkühlen in kleine Stücke schneiden.

Anschließend 80 g Butter und die halbe klein gehackte Zwiebel anbraten. Mehl hinzugeben und gut vermischen. Etwas abkühlen lassen und mit 1 Liter der heißen (abgeseihten) Brühe ablöschen, glattrühren und ca. 20 Minuten köcheln lassen.

Das gegarte Hirn klein schneiden und mit dem Eierstich in die Suppe geben. Zum Schluss mit 2 Eigelb und ⅛ Liter Sahne binden und mit Salz und Weißwein abschmecken.

Suppen

Einkaufszettel

ZUTATEN FÜR VIER PERSONEN

FÜR DIE BRÜHE
1 kg Kalbsknochen
½ Sellerieknolle
1 Zwiebel
1 Lauchstange
1 Karotte
1 Lorbeerblatt, 2 Nelken

FÜR DAS HIRN
250 g Kalbshirn
500 ml Wasser
1 Prise Salz
1 Schuss Essig
1 Zwiebel
1 Lorbeerblatt, 1 Nelke

FÜR DEN EIERSTICH
2 Eier
125 ml Milch
1 Prise Salz, Muskat

FÜR DIE SUPPE
80 g Butter
½ fein gehackte Zwiebel
30 g Mehl
2 Eigelb
125 ml Sahne
Salz
1 Schuss Weißwein

Suppen

Remstäler Schneckensuppe

Bis weit ins 19. Jahrhundert hinein gehörten Schnecken zu den kulinarischen Wahrzeichen Schwabens. Die eiweißreiche Delikatesse wurde sogar bis nach Paris, Bukarest und Wien exportiert. Heute dagegen gilt die gewöhnliche Weinbergschnecke gemeinhin als fieser Gartenschädling, dessen heimtückische Angriffe auf die Salaternte mit allen Mitteln bekämpft werden müssen. Das kleine Kriechtier mit dem schmucken Häusle zählt ganz und gar nicht zu den willkommenen Gartenbesuchern.

Suppen

Während in Frankreich und Baden Schnecken – vorzugsweise mit Kräuterbutter oder als Süpple – gerne als Vorspeise verzehrt werden, wendet sich der heutige Schwabe mit Grausen ab.

Dabei bieten die kalkreichen Böden der Schwäbischen Alb der gemeinen Weinbergschnecke, die mit dem rauen Klima gut zurechtkommt, günstige Lebensbedingungen. Einstmals ernteten Bauernfamilien die »Schwäbischen Austern« sowohl für den Eigenbedarf als auch zur Zucht, um sich durch den Verkauf einen kleinen Zuverdienst zu verschaffen. Einige Wochen lang wurden die Tiere in so genannten »Schneckengärten« gemästet, bis sie ihr Haus im Herbst mit einem Deckel verschlossen, wodurch sie bis zum Frühjahr haltbar blieben.

Um die Wende vom 19. zum 20. Jahrhundert verlor dieser spezielle kleine Wirtschaftszweig allerdings zusehends an Bedeutung, nachdem sich die 1864 von dem französischen Chemiker Louis Pasteur entwickelte Konservierung von Lebensmitteln durch kurzzeitiges Erhitzen in Europa mehr und mehr verbreitet hatte.

Seit einigen Jahren erleben die Albschnecken jedoch eine kleine Renaissance. Nach traditionellem Vorbild wurden einige Schneckengärten auf der Schwäbischen Alb angelegt und von der Interessengemeinschaft Albschnecke wiederbelebt.

ZUBEREITUNG

Zunächst werden die Schnecken gesäubert. (Sofern man Schnecken aus der Dose gewählt hat, gut abtropfen lassen.) Dann stellt man die vorbereiteten Schnecken beiseite.

Anschließend die Butter zerlassen, das Mehl hinzugeben und unter Rühren bei schwacher bis mittlerer Hitze hellgelb anrösten. Nun wird die warme Fleischbrühe unter stetigem Rühren nach und nach hinzugegeben. Das Ganze muss so lange gerührt werden, bis eine glatte Sauce entsteht. Diese lässt man einmal kurz aufkochen. Im Anschluss gibt man den Weißwein hinzu. Dann wird die Suppe mit Muskat, Zitronensaft und Salz abgeschmeckt.

Die Saure Sahne mit dem Eigelb verrühren und drei bis vier Esslöffel von der Suppe in das Eigelb-Sahne-Gemisch geben.

Nun wird das Eigelb-Sahne-Gemisch unter ständigem Rühren in den Topf gegossen. Keinesfalls aufkochen lassen, da sonst das Ei gerinnt. Anschließend die Suppe mit einem Schneebesen etwas schaumig schlagen.

Zuletzt werden die Schnecken in dünne Scheiben geschnitten, in die Suppe gegeben und darin erwärmt, wobei diese nicht nochmals aufkochen sollte.

Mit fein geschnittenem Schnittlauch und Petersilie bestreuen und je nach Belieben mit geröstetem Weißbrot oder Kräuter-Croûtons servieren. (Siehe Rezept »Allgäuer Käsesuppe«)

Einkaufszettel

ZUTATEN FÜR VIER PERSONEN

32 Weinbergschnecken

2 EL Butter

3 EL Mehl

375 ml Fleischbrühe

375 ml trockener Weißwein

Muskatnuss

1 TL Zitronensaft

2 EL Saure Sahne

1 Eigelb

Petersilie, Schnittlauch

Suppen

Ochsenschwanzsuppe vom Limpurger Weideochsen

Ochsenschwanzsuppe zählt zum festen Bestandteil der schwäbischen Küche. Gleichwohl können wir diesbezüglich kein Alleinstellungsmerkmal für uns verbuchen. Das namensgebende Teilstück des Hinterviertels vom Ochsen wird in vielen Ländern geschätzt. Vorzugsweise als Suppe, gerne auch unter Zugabe von Rotwein oder Bier zu dunklen Saucen oder Ragout verarbeitet.

Suppen

Der »Ochsenschlepp«, so die lautmalerische österreichische Bezeichnung, findet sich sowohl als »Rabo de toro« in der andalusischen Küche, als auch auf dem philippinischen Speiseplan, wo »Kare-Kare« mit Erdnusssauce eine populäre Spezialität ist.

Das Schwabenland verfügt über mehrere regionaltypische Rinderrassen, deren Fleisch sich durch besonderes Aroma auszeichnet, während gleichzeitig hohe Anforderung an Aufzucht, Haltung, Herkunft, Schlachtalter und Futter gestellt werden. Nur wenig bekannt – und zeitweise fast ausgestorben – sind die Hinterwälder. Die Bezeichnung kennen heute die meisten, allerdings unter dem Begriff »Hinterwäldler«, als Synonym für Dorfbewohner, die nur wenig Kontakt zur Großstadt haben. An eine Rinderrasse denkt dabei nur eine verschwindend kleine Minderheit.

Wesentlich populärer ist dagegen das Limpurger Rind. Die älteste noch lebende Rinderrasse unseres Landes verdankt ihren Namen der einstigen Grafschaft Limpurg in der Gegend von Schwäbisch Hall und ging in der zweiten Hälfte des 17. Jahrhunderts aus Kreuzungen von Rotem Landvieh und Allgäuer Vieh hervor.

Lange waren die genügsamen Dreinutzungstiere ausgesprochen beliebt, sowohl wegen ihrer Milch und ihres schmackhaften Fleisches als auch wegen ihrer Arbeitskraft. Insbesondere in den Flusstälern von Rems, Jagst und Lein sowie an den hügeligen Weiden der Limpurger Berge und des Welzheimer Waldes erwiesen sich die robusten Rinder mit ihren festen Klauen und ihrer großen Ausdauer als ideale Arbeitstiere.

Nachdem die traditionsreiche Haustierrasse in den 1960er-Jahren fast schon als ausgestorben galt, gelang seit 1986 ihre zunächst noch bescheidene Wiederbelebung. Heute findet sich ebenso wie in der Vergangenheit ihre größte Population in ihrer namensgebenden Stammheimat, im Landkreis Schwäbisch Hall, gefolgt vom Ostalbkreis und der Region Rems-Murr.

ZUBEREITUNG

Die Ochsenschwanzstücke mit der geschnittenen Zwiebel, der Hälfte des Fetts und dem Suppengemüse braun anbraten. Mit dem Wasser ablöschen und zusammen mit den Gewürzen 2 bis 3 Stunden kochen, bis das Fleisch zart ist. Die Brühe abseihen und das Fleisch vom Knochen trennen, dann nach Entfernung von Knorpeln und Sehnen in kleine Stücke schneiden.

Mit dem restlichen Fett und dem Mehl eine Mehlschwitze bereiten und mit der Brühe ablöschen. Mit Rotwein oder Madeira und Essig oder Zitronensaft und Salz würzen, kurz aufkochen, das Fleisch zugeben. Mit Bauernbrot servieren.

Einkaufszettel

ZUTATEN FÜR VIER PERSONEN

500 g Ochsenschwanzstücke

80 g Fett

1,5 l Wasser

1 TL Salz

60 g Mehl

Suppengemüse

1 Zwiebel

125 ml Rotwein oder Madeira

1 Nelke, ⅓ Lorbeerblatt

½ EL Essig oder Zitronensaft

rote Pfefferkörner, Schnittlauch zum Dekorieren

Einer Legende zufolge soll Dinkel erstmals während des 30-jährigen Krieges in unreifem Zustand geerntet worden sein. Angeblich wollten die hungernden Bauern ihr Getreide so vor der Plünderung durch marodierende Soldaten retten. Die Idee, Dinkel vor der Vollreife vom Acker zu nehmen, dürfte jedoch wesentlich älter sein. Vermutlich hoffte man, dadurch Missernten in Folge von Kälte und Feuchtigkeit zu vermeiden.

Auch wenn sich der Zeitpunkt und die Gründe für das frühzeitige Einholen der Ernte heute nicht mehr sicher nachvollziehen lassen, verdanken wir unseren Vorfahren damit doch eine besondere Köstlichkeit: den Grünkern. Das Bauland, die Landschaft zwischen Odenwald und Tauberland im Nordosten von Baden-Württemberg, gilt gemeinhin als seine Heimat.

Bis weit ins 20. Jahrhundert hinein waren Grünkerngerichte in Süddeutschland weit verbreitet, wovon zahlreiche Rezepte in alten Kochbüchern künden. Seinerzeit schätzte man ihn insbesondere als nahrhafte und ergiebige Suppeneinlage.

Während des »Dritten Reiches« wurde der Grünkern von den Nationalsozialisten, die aus ideologischen Gründen eine autarke deutsche Landwirtschaft, frei von Nahrungsmitteleinfuhren aus dem Ausland, anstrebten, als »deutsche Suppenfrucht« und »deutscher Reis« propagiert.

Nach dem Zweiten Weltkrieg führten jedoch nicht nur der wirtschaftliche Aufschwung und die so genannte Fresswelle dazu, dass er für lange Zeit weitgehend aus den Küchen verschwand. Auch die Tatsache, dass der Anbau von Dinkel sehr arbeits- und kostenintensiv ist und dass sein Ertrag durch den Einsatz von Dünger kaum gesteigert werden kann, trugen zu seinem Niedergang bei. Der Anbau von Weizen, der ein wesentlich höheres Ertragsniveau bringt, ist für die Landwirtschaft wirtschaftlich rentabler, wenngleich Dinkel unter ernährungsphysiologischen Gesichtspunkten deutlich besser abschneidet.

Im Zuge der Rückbesinnung auf einheimische Produkte erlebte auch der Grünkern eine Renaissance. Denn das grüne Korn hat eine Menge zu bieten: Es ist ausgesprochen gesund, da reich an Mineralstoffen und Vitaminen, preiswert und ergiebig, sowie durch sein einzigartiges nussiges Aroma besonders schmackhaft. Außerdem zeichnet es sich durch vielfältige Zubereitungsmöglichkeiten aus – mal süß als Pudding oder Nuss-Pfannkuchen, mal pikant als Risotto oder Auflauf – und ist insbesondere für die vegetarische Küche eine enorme Bereicherung.

ZUBEREITUNG

Aus dem Lauch, der Gelben Rübe und der Sellerie fertigt man eine kräftige Gemüsebrühe, die geschmacklich bei Bedarf noch durch einen Gemüsebrühwürfel aus dem Reformhaus verstärkt werden kann. Anschließend wird der heißen Brühe unter ständigem Rühren das Grünkernmehl beigefügt, das man sodann bei geringer Hitze rund eine Viertelstunde vor sich hin köcheln lässt. Gelegentlich umrühren, da die Suppe leicht anbrennt. Zwischenzeitlich werden die Sahne, das Eigelb und die Gewürze verquirlt und dann in die Suppe gerührt, die man nochmals kurz aufkochen lässt. Abschmecken und mit frischem Schnittlauch oder Petersilie servieren, mit roten Pfefferkörnern bestreuen.

Einkaufszettel

ZUTATEN FÜR VIER PERSONEN

100 g Grünkernmehl

1 Stange Lauch

1 Gelbe Rübe

1 kleine Sellerie

evtl. Gemüsebrühwürfel

100 g Sahne

1 Eigelb

Salz, Pfeffer, Muskat

Schnittlauch oder Petersilie

rote Pfefferkörner

Fleisch- und Wildgerichte

Fleisch- und Wildgerichte

Medaillons vom Schönbuch-Wildschwein mit Wirsingküchle

Einkaufszettel

ZUTATEN FÜR VIER PERSONEN

8 Medaillons (je ca. 80 g) vom Wildschwein

400 ml Wildfond

25 g Butterschmalz

50 g Mehl

Pfeffer, Salz

Butterschmalz zum Anbraten

FÜR DIE WIRSINGKÜCHLE

500 g frischer Wirsing

300 g mehlig kochende Kartoffeln

1 Zwiebel

125 g geräucherter, fein gewürfelter Speck

1 Ei

Pfeffer, Salz, Muskat

Butterschmalz zum Anbraten

Für die württembergischen Landesherren zählte der Schönbuch zu den beliebtesten Jagdrevieren. Seit der Beendigung des adligen Jagdprivilegs 1848 steht allerdings der Naturschutz im Vordergrund. Daher finden im Naturpark Schönbuch vor allem kontrollierte Jagden statt.

ZUBEREITUNG

Die Kartoffeln garen und abkühlen lassen. Wirsing von Strunk und Rippen befreien. Blätter in Streifen schneiden und kurz in Salzwasser blanchieren. Mit kaltem Wasser abschrecken und gut abtropfen lassen. Zwiebel schälen, würfeln und mit dem Wirsing in Butterschmalz gut anbraten. Speck zugeben und kurz weiterbraten. Mit Salz, Pfeffer und Muskatnuss abschmecken, dann vom Herd nehmen und abkühlen lassen.

Die abgekühlten Kartoffeln schälen und durch die Kartoffelpresse in eine Schüssel drücken. Mit Ei und Wirsing mischen. Mit nassen Händen flache Küchlein formen und im Butterschmalz auf beiden Seiten gut anbraten. Im vorgeheizten Ofen warm halten.

Die Medaillons waschen, abtrocknen, auf beiden Seiten mit Pfeffer und Salz würzen und im Butterschmalz kurz scharf anbraten, dann aus der Pfanne nehmen, mit Alufolie abdecken und im vorgeheizten Backofen bei ca. 150 Grad nachgaren lassen.

Butterschmalz und Mehl in die Pfanne geben und gut bräunen. Mit dem Wildfond unter starkem Rühren ablöschen. Bis zur gewünschten Konsistenz reduzieren, dann mit Pfeffer und Salz abschmecken.

Das fertig gegarte Fleisch zusammen mit den Wirsingküchle und der Sauce servieren.

Fleisch- und Wildgerichte

Katzengschroi

Fleisch- und Wildgerichte

In Schwaben kennt man etliche Speisen, deren Bezeichnung durchaus falsche Vorstellungen wecken könnte. Scheiterhaufen und Nonnenfürzle beinhalten jedoch nicht, was ihr Name assoziiert. Schneckennudeln, Adlerspätzle und Hirschhörnle kommen ohne fleischliche Zutaten aus. Und selbstverständlich findet sich auch im Katzengschroi nicht das kleinste Fitzelchen vom Stubentiger.

Das aus Bratenresten, Eiern und Zwiebeln zubereitete Gericht, das außerhalb des Schwabenlandes gänzlich unbekannt ist, findet sich mittlerweile nur noch selten auf dem heimischen Speiseplan, war jedoch in der Vergangenheit ein beliebtes Resteverwertungsessen.

Die Älteren unter uns mögen sich daran erinnern, dass Fleisch noch vor wenigen Jahrzehnten ein ungemein kostspieliges Gut war, das sich die große Mehrheit der Bevölkerung nur in ausgesprochen überschaubaren Mengen leisten konnte. Erst die flächendeckende Verbreitung der industriellen Massentierhaltung ermöglichte die allgegenwärtige und scheinbar unbegrenzte Versorgung mit tierischen Billigprodukten. Während der Konsum steil anstieg, fiel die Wertschätzung rapide in den Keller.

Die etwas befremdliche Bezeichnung Katzengschroi soll angeblich darauf zurückgehen, dass eine Katze, die die sonntäglichen Bratenreste vernaschen wollte, einen Tritt erhielt und daraufhin in lautes *Gschroi* – also Geschrei – ausbrach.

Das scheint etwas an den Haaren herbeigezogen. Tatsächlich muss man jedoch gestehen, dass es für die Namensgebung dieser schwäbischen Spezialität bisher keine hinreichend befriedigende Erklärung gibt. Gleichwohl erscheint eine andere Version der Namensentstehungshistorie naheliegender – und entschieden sympathischer: Katzengschroi ist so ungemein wohlschmeckend, dass sämtliche Katzen lauthals schreien, um einen Teil davon abzubekommen.

Nun könnte man natürlich fragen, ob ein Gericht, das aus den Bratenresten des Vortages zubereitet wird, angesichts enorm preiswerter Fleischwaren heute überhaupt noch zeitgemäß ist. Die Antwort lautet eindeutig ja. Denn Katzengschroi schmeckt viel zu lecker, um darauf zu verzichten.

Neben angebratenem Katzengschroi gibt es übrigens auch noch eine kalte Variante, die zugegebenermaßen sowohl für Schwaben als auch für Nicht-Schwaben etwas gewöhnungsbedürftig ist. Dabei werden die klein geschnittenen Bratenreste mit Essiggurken, Paprika, Frühlingszwiebeln, Radieschen, Öl, Essig und Senf als Salat zubereitet.

ZUBEREITUNG

Bratenrest bzw. Siedfleisch in kleine Würfel schneiden. Anschließend die Zwiebel abziehen, fein schneiden und mit dem Öl in der Pfanne erhitzen, bis sie Farbe annimmt.

Dann verquirlt man die Eier in einer Schüssel, rührt das klein geschnittene Fleisch mit Salz und Pfeffer unter die Eiermasse und gibt das Ganze zu den angedünsteten Zwiebeln in die heiße Pfanne. Knusprig anrösten. Dann mit fein geschnittenem Schnittlauch oder Peterling bestreuen und mit grünem Salat servieren.

Einkaufszettel

ZUTATEN FÜR VIER PERSONEN

400 g Bratenreste oder gekochtes Siedfleisch

4 Eier

1 Zwiebel

2 EL Öl

Salz, Pfeffer

Schnittlauch oder Petersilie, fein geschnitten

Fleisch- und Wildgerichte

Mostbraten

Wein war in Württemberg lange weitgehend den reichen Leuten vorbehalten. Die einfache Bevölkerung konnte sich zumeist allenfalls am Sonntag mal ein Glas Bier oder einen Schnaps im Wirtshaus leisten. Glücklicherweise gab es noch Most. Dank der Förderung des Obstanbaus durch die württembergischen Herrscher war der vergorene Fruchtsaft auch für die ärmeren Schichten erschwinglich. Tatsächlich war seine Herstellung so kostengünstig, dass er zu einem beliebten Alltagsgetränk avancierte.

Fleisch- und Wildgerichte

Besonders auf der Schwäbischen Alb war das Getränk weit verbreitet. Zum zweiten Frühstück wurde es zusammen mit Brot gereicht. Während der Erntezeit standen den Knechten täglich vier Liter davon zu. Die Mägde mussten sich mit zwei Litern begnügen. Auch die Kinder erhielten ihre Ration, die allerdings deutlich geringer als die der Erwachsenen ausfiel.

Findig, wie wir Schwaben nun mal sind, haben wir längst erkannt, dass man Most nicht nur in flüssiger Form genießen kann. Mit dem vergorenen Fruchtsaft lassen sich auch allerlei Speisen verfeinern, was insbesondere für Braten jeglicher Art gilt.

Das Fleisch – es kann vom Rind oder Schwein stammen – wird mehrere Tage in Most und Gemüse eingelegt. Dadurch entsteht das typische Aroma des Bratens. Hier sollte man also je nach Fleischsorte, Zutaten und Beilagen eine passende Auswahl treffen. Ein klassischer schwäbischer Most, der aus einem hohen Anteil an Birnen besteht, verfügt über ein relativ »liebliches« Aroma. Er ist weniger herb als ein reiner Apfelmost und schenkt damit dem Fleisch und dem Gemüse einen sanften und zugleich markanten Geschmack.

Zum Mostbraten gehören für den Schwaben unbedingt Spätzle, gerne auch Kräuterspätzle, wobei blanchiertes Gemüse – vorzugsweise Möhren und Lauch – das Geschmackserlebnis abrundet.

ZUBEREITUNG

Wurzelgemüse waschen und in 2 cm große Stücke schneiden. Apfel waschen, vierteln und Kerngehäuse entfernen. Das Fleisch, das Gemüse, den Apfel, die Gewürze und den Zitronensaft zusammen mit dem Most in einen verschließbaren Topf geben. Das Fleisch muss dabei von allen Seiten mit Flüssigkeit bedeckt sein. 3 bis 4 Tage an einem kühlen Ort ziehen lassen, dabei das Fleisch immer wieder wenden.

Für die Zubereitung das Fleisch aus der Beize nehmen und trockentupfen. Gemüse und Beize abseihen und beiseitestellen. Das Fleisch in einem Bräter von allen Seiten kräftig anbräunen. Aus dem Bräter nehmen und das Gemüse aus der Beize im Bräter ebenfalls gut anbräunen, etwas Tomatenmark hinzugeben und mit etwas Beize ablöschen. Fleisch wieder hinzugeben und ca. 2 bis 2 ½ Stunden bei niedriger Temperatur schmoren (nicht kochen!), bis es gar ist. Für die Sauce das Gemüse durch ein Sieb streichen, mit Salz und Pfeffer abschmecken und evtl. mit Mondamin eindicken.

Hierzu passen gut ein Gelbe-Rüben-Lauchgemüse und Kräuterspätzle (Grundrezept siehe Linsen und Spätzle, dem Teig reichlich Kräuter nach Geschmack zugeben).

Einkaufszettel

ZUTATEN FÜR VIER PERSONEN

1 kg Ochsenbraten

Fett zum Anbraten

Tomatenmark

evtl. Mondamin zum Andicken der Sauce

FÜR DIE BEIZE

1,5 l Most

1 Karotte

1 Stück Lauch

1 Stück Sellerie

1 Zwiebel

1 Apfel

Saft von ½ Zitrone

2 bis 3 Nelken

1 Lorbeerblatt

Wacholderbeeren

Pfefferkörner, Salz

Fleisch- und Wildgerichte

Stuttgarter Leberkäs im Meerrettich-Senf-Mantel

Korrekterweise müsste man Leberkäse eigentlich als Fleischkäse bezeichnen. Denn die gebackene Brühwurst, die aus gepökeltem, grob entsehntem Rindfleisch, fettem Schweinefleisch, Speck, Wasser, Zwiebeln, Salz und Majoran hergestellt wird, enthält in aller Regel keine Innereien.

Fleisch- und Wildgerichte

Für die gleich in zweierlei Hinsicht täuschende Bezeichnung des beliebten Fleischgerichts gibt es verschiedene Erklärungen. Vermutlich bezieht sich der zweite Namensteil entweder auf die käseartig anmutende Konsistenz der Brühwurst oder aber auf ihre Form, die an einen länglichen Käselaib erinnert.

Auch der erste Wortteil dürfte auf das laibförmige Erscheinungsbild des Fleischkäses zurückgehen. Wobei dann entweder mundartlich oder durch Lautverschiebung aus dem »Laibkäs« Leberkäse geworden sein könnte.

Ob die Brühwurst allerdings tatsächlich ursprünglich Leber enthielt, ist mehr als umstritten. Die heutige lebensmittelrechtliche Regelung ist diesbezüglich etwas unübersichtlich, erlaubt aber den Schluss, dass der Stuttgarter Leberkäse das einzige entsprechende Produkt ist, das seinem Namen gerecht wird.

Man mag sich fragen, warum ausgerechnet die Stuttgarter Spezialität die vermeintlich namensgebende Zutat enthält. Eine historisch belegbare Erklärung gibt es dafür nicht, stattdessen jedoch eine umso schönere Legende: Angeblich waren die Stuttgarter Metzger besonders ehrliche Leute. Wenn das Leberkäse heißt, sollen sie gedacht haben, muss da auch Leber drin sein, und verfeinerten ihr Produkt daher mit der Innerei.

Unter ästhetischen Gesichtspunkten kann der Stuttgarter Klassiker allerdings nicht unbedingt Sympathiepunkte sammeln. Denn durch die beigefügte Leber erhält er einen etwas graustichigen Farbton, den nicht jeder als appetitanregend empfindet.

Dafür punktet er mit seinem besonders intensiven, eigenwillig herben Aroma, das durch einen Überzug aus Meerrettich und Senf eine besondere Note erhält und mit Kartoffelsalat die ideale Beilage findet.

ZUBEREITUNG

Die Fleischstücke klein schneiden und im Gefrierfach anfrieren lassen. In einer Küchenmaschine mit dem Messereinsatz zerkleinern, bis eine sehr feine Masse entsteht. Die Masse sollte nicht wärmer als 12 Grad werden, daher immer wieder etwas Eis hinzugeben. Die Zwiebel schälen und in feine Würfel schneiden. Zusammen mit den restlichen Zutaten zur Masse geben und unter weiterer Zugabe von Eis die Zutaten gut untermischen. Evtl. ein Ei zur besseren Bindung hinzugeben. Die Masse in eine eingeölte Form geben und bei 150 Grad etwa 90 Minuten im Ofen backen.

Senf und Sahnemeerrettich miteinander vermischen und ca. 20 Minuten vor Ende der Backzeit auf der Oberfläche des Leberkäses verteilen und diesen dann fertig backen.

Einkaufszettel

ZUTATEN FÜR VIER PERSONEN

300 g Rindfleisch (Schulter)
300 g Schweinefleisch (Schulter)
300 g Schweinebauch
200 g Schweineleber
200 g zerstoßenes Eis
20 g Pökelsalz
1 Prise gemahlene Kardamomsamen
1 TL geriebene Zitronenschale
1 TL Piment
1 Prise gemahlene Muskatblüte
1 Messerspitze getrockneter Majoran
1 TL gemahlener Pfeffer
1 kleine Zwiebel
evtl. 1 Ei
ca. 150 g Senf
ca. 150 g Sahnemeerrettich

Fleisch- und Wildgerichte

Saure Kutteln mit Mostessig und Bratkartoffeln

Fleisch- und Wildgerichte

Bis weit ins 20. Jahrhundert hinein waren Innereien das Fleisch des kleinen Mannes. Sowohl Herz, Lunge, Milz und Kutteln als auch Kuheuter, Lamm- und Gänsekopf wurden verzehrt. Selbst das Blut von Hasen und Gänsen wurde nicht verschmäht. Es diente nicht nur zum Eindicken von Saucen, sondern auch als Grundlage einer habhaften Mahlzeit aus Zwiebeln, Essig und Kartoffeln. Zuweilen konnten besonders bedürftige Menschen sogar kostenlos Tierblut in den Schlachthäusern erhalten. Die bei den Betuchten zumeist wenig gefragten Innereien versorgten in der Vergangenheit die überwiegend armen Württemberger mit tierischem Eiweiß.

Noch in den 1960er-Jahren fand sich in nahezu jedem schwäbischen Kochbuch ein eigenes Kapitel mit Rezepten für Innereien. Wegen ihres Reichtums an Mineralstoffen, Vitaminen und Spurenelementen bescheinigte man ihnen einen besonderen Wert für die Gesundheit. Gleichzeitig offenbart sich hier eine schier unglaubliche Fülle an heute kaum noch bekannten Gerichten wie gebackene Brieschen, Zungenragout, saure Nierchen, Zungenstrudel und gebackener Kalbskopf.

Innereien erfreuen sich in unseren Breitengraden heutzutage allerdings nur noch ausgesprochen geringer Beliebtheit. Zumindest, wenn sie als solche erkennbar sind und sich nicht *hälinge*, also heimlich, mittels Wurst oder Fertiggericht in den schwäbischen Magen schleichen. Kein Wunder also, dass Saure Kutteln bis heute als Härtetest für *Neig'schmeckte* gelten.

Das einstige Traditionsgericht ist jedoch mittlerweile auch im Ländle nur noch wenig populär und vermag selbst gestandenen Schwaben den Angstschweiß auf die Stirn zu treiben. Bei der jungen Generation genießt es schon fast Exotenstatus. Während die Nachkriegsgeneration noch mit Kutteln und anderen Innereien aufgewachsen ist, sind sie deren Kindern und Enkeln fremder als Falafel, Döner und Sushi.

Es lohnt sich jedoch unbedingt, das alte schwäbische Traditionsgericht, das ebenso preiswert wie schmackhaft ist, zuzubereiten. Dabei darf gerne etwas experimentiert werden. Vielleicht wählt man Mostessig statt Rotwein oder verfeinert das Ganze – wie in der französischen Küche beliebt – mit Salbei.

Unsere heiß geliebten Spätzle und Knöpfle passen hier allerdings nicht sehr gut als Beilage. Zu Sauren Kutteln reicht man am besten entweder Bratkartoffeln oder Bauernbrot.

Einkaufszettel

ZUTATEN FÜR VIER PERSONEN

800 g vorgegarte Kutteln
1 große Zwiebel
2 EL Butterschmalz
2 EL Mehl
1 l warme Fleischbrühe
Wacholderbeeren
2 Lorbeerblätter
1 Prise Zucker
3 bis 4 EL Weinessig
125 ml Mostessig
Schwarzer Pfeffer, Salz
Petersilie

ZUBEREITUNG

Kutteln in Streifen schneiden. Die Zwiebel schälen, in kleine Würfel schneiden und in dem Butterschmalz glasig andünsten. Das Mehl hinzugeben, etwas anbräunen lassen und mit der warmen Fleischbrühe nach und nach unter Rühren ablöschen. Kutteln, Wacholderbeeren, Lorbeerblätter, Zucker und Weinessig zugeben und ca. 20 Minuten leicht köcheln lassen, bis die Kutteln weich, aber noch bissfest sind. Zum Schluss gibt man den Mostessig hinzu und schmeckt das Ganze mit Pfeffer und Salz ab. Mit Petersilie und Wacholderbeeren verzieren.

Fleisch- und Wildgerichte

Sauerbraten vom Hohenloher Ochsen

Fleisch- und Wildgerichte

Sauerbraten kennt man nicht nur im Schwäbischen. Er findet sich in verschiedenen regionalen Varianten auch in anderen Gegenden Deutschlands. Die Grundzubereitungsart ist überall ähnlich. Das rohe Fleisch wird in eine Marinade aus Essig, Wasser oder Wein, Zwiebeln und Gewürzen eingelegt und zwei bis drei Tage kühl gelagert. Dabei verleiht die Beize dem Fleisch einen leicht säuerlichen Geschmack und eine besonders zarte Konsistenz.

Für das Traditionsgericht empfiehlt sich Qualitätsfleisch vom Hohenloher Ochsen aus artgerechter Weiderindhaltung, das sich durch seine Zartheit und sein ganz besonderes Aroma auszeichnet.

Das Hohenloher Rind blickt auf eine besondere Tradition zurück. Schon im 17. Jahrhundert blühte das Geschäft mit Frankreich, wo der Hohenloher Ochse bald den Ehrentitel »Boeuf de Hohenlohe« erhielt. Seinerzeit wurden die Rinder in wochenlangen Trecks nach Paris getrieben. Die Gangart war eher gemächlich, denn schließlich sollten die Tiere unterwegs weder an Fett noch Gewicht – und damit an Wert – verlieren. Selbst während des Deutsch-Französischen Krieges 1870/71 blieb der Viehhandel zwischen den beiden Ländern ungebrochen. Erst der Erste Weltkrieg brachte die einst fruchtbare Handelsbeziehung zum Erliegen. Seither ist das Hohenloher Rind bei der Grande Nation in Vergessenheit geraten. Und auch in seiner Heimat verlor der ehemalige Exportschlager fast jegliche Bedeutung.

Erst um die Jahrtausendwende ließen ein paar engagierte Hohenloher die alte Tradition wieder aufleben. Seither kümmert sich die Erzeugergemeinschaft Boeuf de Hohenlohe um die Vermarktung des zusehends wieder beliebten Hohenloher Weideochsen.

In Schwaben gelten Spätzle als klassische Beilage zu Sauerbraten. Als Alternative bietet sich Rucola-Kartoffelbrei an, dessen scharfer Geschmack das herb-saure Aroma der Marinade hervorragend aufnimmt.

ZUBEREITUNG

Gemüse waschen und schneiden. Weinessig und Wasser aufkochen. Gemüse und Gewürze hinzugeben, nochmals kurz aufkochen und abkühlen lassen. Fleisch in die kalte Marinade legen und 2 bis 3 Tage im Kühlschrank ziehen lassen, immer wieder umdrehen.

Für die Zubereitung des Bratens das Fleisch aus der Marinade nehmen und trocken tupfen. Gemüse und Beize abseihen und beiseitestellen. Das Fleisch von allen Seiten kräftig anbräunen. Aus dem Bräter nehmen. Die Zwiebel und das Schwarzbrot klein schneiden und ebenfalls kräftig anbraten. Fleisch und Gemüse hinzugeben und mit einem Teil der Marinade und etwas Wasser ablöschen. Zugedeckt mindestens 1 Stunde schmoren lassen. 15 Minuten vor Ende der Garzeit den Deckel abnehmen, das Fleisch entnehmen und im Ofen warm halten. Die Sauce etwas einkochen, dann durchseihen. Salz, Pfeffer, Saure Sahne und einen Schuss Rotwein zugeben.

Einkaufszettel

ZUTATEN FÜR VIER PERSONEN

1 kg Ochsenbraten vom Hohenloher Ochsen

FÜR DIE MARINADE

1 Karotte

1 Lauchstange

1 Sellerieknolle

1 Zwiebel

Petersilie

2 bis 3 Nelken

1 Lorbeerblatt

2 bis 3 Wacholderbeeren

250 ml Weinessig

750 ml Wasser

Pfefferkörner, Salz

FÜR DIE SAUCE

1 Zwiebel

1 Becher Saure Sahne

1 Scheibe Schwarzbrot

1 Schuss Rotwein

Fleisch- und Wildgerichte

Rinderrouladen mit Pinienkernen

Fleisch- und Wildgerichte

Rinderrouladen zählen zu den Klassikern der schwäbischen Regionalküche. Genau genommen sind sie jedoch wie alle Rindfleischgerichte eher eine »junge Tradition« in Schwaben. Denn weite Teile der bäuerlichen Bevölkerung verfügten bis ins 19. Jahrhundert hinein kaum über eine größere Anzahl an Rindern. Oft hatte man nur eine Kuh, und die sollte vor allem Milch geben, mit der man Pfannkuchen zubereiten konnte.

Im einstigen Agrarstaat Württemberg waren die Kenntnisse über effektive Rinderzucht und Rinderhaltung recht gering. Das änderte sich erst nach und nach im Lauf des 19. Jahrhunderts. Das Land hatte 1816/17 infolge von Missernten eine entsetzliche Hungersnot erlebt. Daher engagierte sich König Wilhelm I. stark für die Verbesserung der Landwirtschaft. Er stiftete 1818 nicht nur das Landwirtschaftliche Hauptfest auf dem Cannstatter Wasen. Zur »Bevörderung der Landwirtschaft« ließ er auch eine landwirtschaftliche Unterrichts-, Versuchs- und Musteranstalt in Hohenheim einrichten. Ihre Aufgabe bestand zum einen in der theoretisch-praktischen Ausbildung des landwirtschaftlichen Nachwuchses, zum anderen in der Forschung, deren Ziel die Verbesserung der landwirtschaftlichen Erträge war.

Trotz aller Bemühungen des Königs blieben Rindfleischgerichte jedoch noch lange weitgehend dem Adel und dem gehobenen Bürgertum vorbehalten. Erst nachdem das relativ teure Rindfleisch für breitere Bevölkerungsschichten erschwinglich wurde, konnten Rinderrouladen zu einem Klassiker der heimischen Küche avancieren.

Die Variationsbreite bei der Füllung ist groß. Wir Schwaben bevorzugen Räucherspeck, Zwiebeln, Petersilie und zuweilen Gewürzgurken. Dabei tun sich abseits der ausgetretenen Traditionspfade vielfältige Möglichkeiten auf: eine Pflaumen-Speck-Mischung, Sardellen, Bohnen oder Steinpilze mit Bergkäse. Längst haben auch mediterrane Elemente Einzug in die klassischen Rinderrouladen gefunden wie Pesto, getrocknete Tomaten und Schafskäse. Eine besonders schmackhafte Bereicherung sind Pinienkerne, denn ihr feines Aroma verbindet sich auf das Vortrefflichste mit dem markanten Geschmack der Rinderrouladen. Als Beilage eignet sich beispielsweise ein Parmesankartoffelbrei.

ZUBEREITUNG

Petersilie und Zwiebel fein schneiden, den Räucherspeck würfeln. Dann bestreicht man die Rouladen dünn mit Senf und verteilt darauf die Zwiebelchen, Petersilie, Speck und die Pinienkerne. Anschließend werden die gefüllten Rouladen aufgerollt und mit Zahnstochern, Rouladennadeln oder Bratschnur fixiert. (Wobei es sich empfiehlt, die Rouladennadeln kurz in Öl zu tauchen, damit sie sich vor dem Verzehr

Einkaufszettel

ZUTATEN FÜR VIER PERSONEN

4 Rinderrouladen

50 g geräucherter Speck

1 Zwiebel

Petersilie

100 g Pinienkerne

Senf

250 ml Rinder- oder Gemüsefond

50 ml Rotwein

Butter

Mehl

Salz und Pfeffer

evtl. Speisestärke

In Mehl wenden und in einem Bräter mit Butter scharf anbraten. Mit dem Fond und dem Rotwein ablöschen. Dann die Rouladen im Backofen bei 180 Grad weich garen lassen. Sauce nach Belieben mit Speisestärke binden. Mit Salz und Pfeffer abschmecken.

Fleisch- und Wildgerichte

Fleischküchle in Mandelumhüllung mit Albkäsefüllung

Fleisch- und Wildgerichte

Traditionell werden Fleischküchle in Schwaben zur Hälfte aus Rinder- und zur Hälfte aus Schweinehack zubereitet. Dazu gehört untrennbar Kartoffelsalat, der selbstverständlich warm und schön »schmatzig«, also flüssig und schlonzig sein muss. Fleischküchle sind allerdings ein Gericht, das sich vielfältig variieren lässt. Durch die Zugabe von fein geraspeltem Gemüse, Parmesan, Basilikum, Kürbis- oder Sonnenblumenkernen entstehen ganz neue Geschmackserlebnisse.

Das gilt auch für die Füllung mit Albkäse, wenngleich sich dieser nicht der gleichen Popularität wie Fleischküchle erfreuen darf. Dabei gilt es allerdings auch zu bedenken, dass das Schwabenland traditionell nicht über jene Käsevielfalt, wie man sie beispielsweise aus Frankreich oder Italien kennt, verfügt. Das liegt nicht etwa am mangelnden kreativen Potenzial der Schwaben. Einer der Gründe ist im rauen Klima der Schwäbischen Alb zu suchen, das eine relativ lange Aufbewahrung der Milch gestattete. Anders als in den klassischen Käseländern Frankreich und Italien, wo die Milch angesichts der vorherrschenden warmen Temperaturen rasch zu Käse verarbeitet werden musste. Zudem war die Milchviehwirtschaft im Schwäbischen – sieht man vom Allgäu ab – eher bescheiden ausgeprägt. Dadurch gab es auch nicht wie in anderen Regionen Milchüberschüsse, aus denen man hätte Käse herstellen können. Eine vielfältige Käsekultur mit einer breiten Palette verschiedenster Sorten konnte in unserem Land so natürlich nicht entstehen.

Wenngleich Schwaben also auf keine ausgeprägte Käsetradition zurückblicken kann, bieten heute etliche Hofkäsereien auf der Schwäbischen Alb eine beeindruckende Vielfalt an Käsesorten, die nach Biorichtlinien und auf traditionelle Weise hergestellt werden. Sie passen hervorragend als Füllung für unsere klassischen Fleischküchle und korrespondieren wunderbar mit dem fein-nussigen Aroma einer Mandelumhüllung.

Selbstverständlich schmecken die Fleischküchle am besten heiß und frisch aus der Pfanne. Aber natürlich kann man sie auch lauwarm, aufgewärmt oder kalt genießen.

ZUBEREITUNG

Die Weckle in Wasser einweichen, gut ausdrücken, zerkleinern und in eine große Schüssel geben. Zwiebeln und Basilikumblätter fein schneiden, mit zwei Eiern und dem Hackfleisch zu den zerkleinerten Weckle in die Schüssel geben. Mit den Händen kräftig durchkneten und dabei nach und nach mit Salz, Pfeffer und Paprika würzen.

Anschließend formt man daraus von Hand runde Fleischküchle, in deren Mitte man jeweils ein Stück Albkäse gibt. Dann verquirlt man die beiden restlichen Eier, wendet die Fleischküchle nacheinander in Mehl, Ei und den Mandelblättchen. Anschließend werden die Mandelfleischküchle in einer Pfanne mit heißem Öl knusprig gebraten.

Dazu serviert man grünen Salat, Tomaten- bzw. Gelbe-Rüben-Salat oder gedünstetes Gemüse.

Einkaufszettel

ZUTATEN FÜR VIER PERSONEN

600 g gemischtes Hackfleisch

80 g Albkäse, z. B. Hohensteiner Baurakäs

2 alte Weckle

2 mittelgroße Zwiebeln

4 Basilikumstiele

4 Eier

150 g Mandelblättchen

100 g Mehl

Salz, Pfeffer, Paprika edelsüß

Öl zum Anbraten

Fleisch- und Wildgerichte

Rehbraten mit Maronenspätzle

Herbstzeit ist traditionell Wildzeit, was insbesondere im Zusammenhang mit der herbstlichen Pilzsaison stehen dürfte. Denn für viele Konsumenten bilden Wild und Pilze eine untrennbare Einheit. Dabei gibt es abseits der traditionellen kulinarischen Gewohnheiten eine enorme Fülle an Zubereitungsmöglichkeiten: Rehmaultäschle, Wildgulaschsuppe, Wildterrine oder Wiener Schnitzel vom Reh sind nur einige von zahlreichen Variationen.

Fleisch- und Wildgerichte

Man muss allerdings gestehen, dass diese Kreationen überwiegend Produkte der Spitzengastronomie sind. Denn der normale Schwabe steht der Zubereitung von Wild in der eigenen Küche leicht hilflos und befangen gegenüber. Und selbst ambitionierte Hobbyköche verlässt an dieser Stelle zuweilen der Mut.

Zudem haftet Wildgerichten nach wie vor der Hauch des Elitären an, obwohl ihr Verzehr, ebenso wie die Jagd, schon längst kein Privileg des Adels mehr ist. Natürlich ist Wild etwas teurer als Rind oder Schwein. Dafür erhält man jedoch ein Lebensmittel, das mit Sicherheit aus artgerechter Haltung stammt. Denn die Tiere lebten mit viel Auslauf im Freien und mussten ihr Dasein nicht in beengten Ställen fristen. Das Herkunftszeichen »Wild aus der Region« garantiert die Herkunft der Wildtiere aus heimischen Jagdrevieren.

Zu den klassischen »Verbündeten« des Rehbratens zählen neben Pilzen vor allem Knöpfle und Spätzle, wobei Letztere durch die Zugabe von Kräutern und Gemüse eine geschmackliche Bereicherung erfahren, die sich auf das Angenehmste mit dem Aroma des Rehbratens verbindet. Eine besondere Note ergibt sich, wenn man dem Spätzleteig pürierte Maronen beifügt. Ebenso wie Wild und Pilze sind sie ein typisches Herbstgericht, zählen aber – noch? – nicht zu den traditionellen schwäbischen Küchenklassikern.

Vermutlich wurde »Castanea sativa«, so die botanische Bezeichnung, im Kaukasus kultiviert. Die Armenier nannten die Esskastanie »Kasutha«, was so viel wie trockene Frucht bedeutet. Die Römer latinisierten den Begriff zu »Castanea« und verbreiteten den Maronenanbau innerhalb des Römischen Reiches.

Die nahrhaften und köstlichen Esskastanien etablierten sich nicht nur auf der südlichen Alpenseite, sondern fanden ihren Weg auch auf die Nordseite. Wir haben sie vor allem durch unsere Urlaube in Frankreich kennen und schätzen gelernt, wo sie in einigen Regionen vielfältigen Einsatz auf dem Speiseplan finden. Auch bei unseren badischen Nachbarn sind sie beliebt.

Das Grundrezept für Maronenspätzle findet sich bei Linsen und Spätzle, ca. ein Drittel des Mehls wird durch Kastanienmehl oder -püree ersetzt.

ZUBEREITUNG

Den Rehrücken salzen und pfeffern und anschließend in heißem Öl rundum anbraten. Das Fleisch aus dem Bräter entfernen. Das klein geschnittene Gemüse und die Zwiebel im Bratenfond andünsten, mit Wein und etwas Wasser ablöschen und mit ein wenig Mehl binden. Tomatenmark unterrühren und kurz aufkochen lassen.

Nachdem man den Rehrücken und die Lorbeerblätter zu der Sauce in den Bräter gegeben hat, lässt man das Ganze zugedeckt im Backofen bei 150 Grad zwei bis zweieinhalb Stunden schmoren.

Einkaufszettel

ZUTATEN FÜR VIER PERSONEN

- 1 kg Rehrücken
- 1 Zwiebel
- 2 Gelbe Rüben
- ½ Sellerie
- 250 ml Rotwein
- 2 Lorbeerblätter
- Salz, Pfeffer
- Öl zum Anbraten
- etwas Wasser, Tomatenmark und Mehl

Saure Nierchen

Einkaufszettel

ZUTATEN FÜR VIER PERSONEN

500 g Schweinenierchen

500 ml Milch

2 mittelgroße Zwiebeln

150 ml Fleischbrühe

150 ml Rotwein

3 TL Weinessig

2 EL Saure Sahne

1 EL Zitronensaft

Mehl, Butter

Salz, Pfeffer

Der Genuss von Innereien ist auch im Schwäbischen weithin aus der Mode gekommen. Schon allein der Gedanke, Nieren, Herz, Kutteln oder gar Hirn zu verspeisen, löst bei zahlreichen Menschen Reaktionen aus, die zwischen Abwehr und Abscheu schwanken.

Gleichwohl muss man aus ernährungsphysiologischer Sicht eine Lanze für den Verzehr von Innereien brechen, denn sie sind in aller Regel vitaminreich und fettarm und enthalten hochwertiges Eiweiß.

Zudem sollte jeder Fleischkonsument seine Ekelgefühle gegenüber Nierchen, Kutteln und Co überdenken. Denn der Verzehr von Innereien ist auch eine Frage der Nachhaltigkeit und der Vermeidung von Lebensmittelverschwendung.

ZUBEREITUNG

Zwiebeln schälen und fein zerkleinern. Dann die Nierchen waschen, längs aufschneiden und das weiße Nierengewebe entfernen. Anschließend die Nieren in Milch einlegen und darin eine halbe Stunde ruhen lassen. Dann mit einem Küchentuch trocken tupfen, in Scheiben schneiden und in Mehl wenden.

In einer hohen Pfanne oder einem Topf Fett erhitzen, die Nierchen kurz anbraten, die fein geschnittenen Zwiebelchen zugeben und glasig anrösten.

Nachdem man die Nierchen herausgenommen hat, gibt man die Brühe und den Rotwein in den Topf bzw. die Pfanne und lässt das Ganze kurz köcheln. Saure Sahne unterrühren und mit Salz, Pfeffer, Essig und Zitronensaft abschmecken. Die Nierchen nochmals zum Aufwärmen kurz in die Sauce geben (nur ganz kurz, damit sie nicht hart werden) und heiß servieren.

Schwäbischer Hefezopf mit Schinken-Käse-Füllung

Fleisch- und Wildgerichte

Einkaufszettel

ZUTATEN FÜR VIER PERSONEN

FÜR DEN HEFETEIG

500 g Mehl

1 Würfel Hefe (42 g)

250 ml lauwarme Milch

80 g weiche Butter

FÜR DIE FÜLLUNG

200 g Schinken oder Speck, gewürfelt

200 g würziger Käse, gerieben

1 Becher Schmand

2 Eigelb zum Bestreichen

Böse Zungen behaupten, Backwaren wären in Schwabens Küchen nur deshalb so weit verbreitet, weil damit die Hitze beim Anheizen des Ofens optimal genutzt wurde. Mit derartigen Vorurteilen lässt es sich getrost leben, denn wir verfügen über eine schier unglaubliche Fülle an Brotsorten, Weihnachtsgebäck und süßen Kuchen.

Besonders der Hefezopf ist weit verbreitet und vor allem in seiner süßen Variante populär. Er eignet sich jedoch auch hervorragend als herzhafte Mahlzeit mit Käse, Schinken oder Speck.

ZUBEREITUNG

Die Hefe mit etwas lauwarmer Milch glatt rühren. Dann gibt man das Mehl in eine große Schüssel, fügt die gelöste Hefe und die restliche Milch sowie die weiche Butter hinzu. Anschließend den Teig durchkneten, bis er Blasen wirft und sich von der Schüssel löst. Die Schüssel mit einem Tuch abdecken und den Teig an einem warmen Ort auf doppelte Höhe (etwa 30 Minuten) gehen lassen.

Schmand, Käse und Schinken für die Füllung verrühren. Dann wird der Teig zu einem Rechteck von ca. 40 mal 40 Zentimeter ausgewellt und die Schinken-Käse-Füllung darauf verteilt. Mit einem scharfen Messer den Teig in 3 gleich große Teile schneiden. Diese aufrollen und dann miteinander verschlingen, wobei immer der jeweils außen liegende »Strang« von links nach rechts und von rechts nach links über den mittleren Teigstrang gezogen wird. Mit Eigelb bestreichen und nochmals ca. 15 Minuten gehen lassen.

Backofen auf 170 Grad vorheizen. Den Hefezopf 45 Minuten backen und warm servieren. Dazu reicht man grünen Salat oder Gelbe-Rüben-Salat.

Fleisch- und Wildgerichte

Linsen und Spätzle

Linsen und Spätzle gelten nicht nur in Schwaben, sondern auf der ganzen Welt als das schwäbische Traditionsgericht schlechthin. Der Anbau der Hülsenfrucht, die weltweit zu den ältesten Kulturpflanzen zählt, blickt in unserer Region auf eine lange Geschichte zurück. Schon in der Hallstattzeit wussten die Albbewohner den nahrhaften Eiweißspender zu schätzen, der trotz des rauen Klimas und der kalkhaltigen Böden auf der Schwäbischen Alb prächtig gedieh. Linsen enthalten große Mengen an Ballast- und Mineralstoffen. Sie sind sowohl sättigend als auch lange lagerfähig und damit als Arme-Leute-Essen geradezu prädestiniert.

Fleisch- und Wildgerichte

ZUBEREITUNG

Für die Spätzle das Mehl, die Eier, das Salz und das Wasser in eine Schüssel geben und mit einem Kochlöffel kräftig schlagen, bis der Teig die richtige Konsistenz hat. Auf ein nasses Spätzlebrett einen Teil des Teiges streichen und mit einem Spätzleschaber oder einem breiten Messer schmale Streifen in kochendes Salzwasser schaben. Alternativ kann man auch eine Spätzlepresse benutzen. Einmal schaumig aufkochen lassen, dann mit einem Schaumlöffel herausnehmen und in einem Sieb kurz mit kaltem Wasser abspülen. Im Backofen warm stellen.

Die Linsen bereits am Vortag waschen und über Nacht einweichen. Am Tag der Zubereitung wird zunächst die Zwiebel geschält, fein geschnitten, in heißem Fett angeschwitzt und mit dem Bauchspeck in heißem Wasser weich gekocht. Währenddessen werden die Linsen in einem separaten Topf ebenfalls weich gekocht.

In der Zwischenzeit fertigt man eine Mehlschwitze zum Andicken an. Dazu röstet man das Mehl in Schmalz dunkelbraun, löscht es mit etwas Linsenkochwasser ab und gibt es umgehend zu den Linsen. Bauchspeck und Zwiebeln zu den Linsen geben. Mit Salz und Pfeffer abschmecken.

Die Saitenwürstle in einem Topf mit Wasser kochen und das Ganze mit den Spätzle servieren.

Die Kombination mit unseren heiß geliebten Spätzle, die manchem Nicht-Schwaben auf den ersten Blick etwas befremdlich erscheinen mag, hat aus ernährungswissenschaftlicher Sicht durchaus ihren Sinn. Denn die in beiden Zutaten enthaltenen Eiweißbausteine ergänzen sich optimal. Kein Wunder, dass sich die kohlenhydratreiche Speise zu einer der wichtigsten Ernährungsgrundlagen der armen und körperlich hart arbeitenden bäuerlichen Bevölkerung entwickelte. Mit Linsen und Spätzle konnten die zahlreichen hungrigen Mäuler preiswert gestopft und die Versorgung mit Eiweiß ohne Fleischbeilage gewährleistet werden.

Der heute untrennbar mit Linsen und Spätzle verbundene Bauchspeck war eher die Ausnahme. Und Saitenwürstle, die mittlerweile scheinbar klassisch zu unserem geliebten schwäbischen Nationalgericht gehören, sind eine vergleichsweise junge Beilage, von der unsere Altvorderen auf der rauen Alb vermutlich noch nicht einmal zu träumen gewagt hätten.

Einkaufszettel

ZUTATEN FÜR VIER PERSONEN

FÜR DIE SPÄTZLE

500 g Mehl

5 bis 6 Eier

1 TL Salz

125 bis 250 ml Wasser

FÜR DIE LINSEN

400 g Linsen

200 g Bauchspeck

1 kleine Zwiebel

40 g Mehl

40 g Schmalz

Salz, Pfeffer

4 Saitenwürstle, falls gewünscht

Fleisch- und Wildgerichte

Fleisch- und Wildgerichte

Einkaufszettel

ZUTATEN FÜR EINE BACKFORM MIT 28 CM DURCHMESSER

10 g frische Hefe
1 Prise Zucker
125 ml Milch
250 g Mehl
½ TL Salz
60 g weiche Butter
Butter für die Form
750 g große Zwiebeln
60 g Butter
60 g geräucherte Speckwürfel
50 g Mehl
125 g Sauerrahm
3 Eier
Salz
1–2 TL Kümmel

Zwiebeln spielen in der traditionellen schwäbischen Küche durchaus eine gewichtige Rolle. Sie sind nicht nur der namensgebende Belag des herzhaften Kuchens, sondern auch der untrennbare Begleiter von Käsespätzle, Wurstsalat, Ochsenmaulsalat und Zwiebelrostbraten.

Das liegt zum einen daran, dass Zwiebeln hervorragend zu unseren deftigen einheimischen Mehlspeisen passen. Zum anderen daran, dass sie selbst auf den kargen Böden der rauen Schwäbischen Alb einen brauchbaren Ertrag bringen. Ihr größter Pluspunkt ist jedoch ihre ausgezeichnete Lagerfähigkeit und ihre lange Haltbarkeit. Daher erfreuen sie sich bei Matrosen, die während der langen Seefahrten häufig infolge von Vitaminmangel an Skorbut erkrankten, großer Beliebtheit. Auch für die Ernährung der Älbler waren sie ein wichtiger Baustein. Denn in der kalten Winterzeit waren sie neben Sauerkraut zumeist der einzige Vitaminspender der armen Landbevölkerung.

Streng genommen ist die Zwiebel allerdings, wie so viele längst bestens integrierte Lebensmittel, ein Einwanderer. Die Römer brachten sie im ersten Jahrhundert nach Christus nach Germanien. Dort wurden sie jedoch zunächst nicht gerade mit offenen Armen empfangen. Vor allem der Adel hatte Vorbehalte gegen das vitaminreiche Gemüse. Der Geruch erschien als zu streng und der Geschmack erwies sich für die damaligen Gerichte als zu dominant.

Heute schätzen wir Zwiebelkuchen als deftiges ländliches Herbstgericht, das bei Hocketen, Dorffesten und in den Besenwirtschaften gerne zur Weinlese serviert wird. Denn er ist die ideale Grundlage für den Federweißen, da der frisch gepresste, schon leicht angegorene Traubenmost sehr schnell zu Kopf steigt.

In einer anderen Beziehung bleibt diese Kombination jedoch selten ohne Folgen, weshalb man das Zusammenspiel aus Federweißem und Zwiebelkuchen auch als schwäbisches Dynamit bezeichnet.

ZUBEREITUNG

Hefe zerbröseln und mit 1 Prise Zucker in 3 EL Milch auflösen. Mit dem Mehl, der restlichen Milch sowie dem Salz und der Butter zu einem glatten Teig kneten. Den Teig zugedeckt an einem warmen Ort gehen lassen, bis er die doppelte Höhe erreicht hat.

Den Ofen auf 200 Grad vorheizen.

Den Teig auf einer bemehlten Arbeitsplatte ausrollen. Die Backform mit Butter ausstreichen und den Teig so in die Form einlegen, dass er den Rand abdeckt.

Die Zwiebeln schälen, würfeln und zusammen mit den Speckwürfeln in einem Topf mit Butter andünsten. Vom Herd nehmen und abkühlen lassen. Nach und nach erst mit dem Mehl, dann mit den Eiern und zuletzt mit dem Rahm gut vermischen. Abschließend Kümmel und Salz untermischen.

Den Belag auf dem Teig verteilen, mit Butterflöckchen und Speckwürfeln bestreuen und ca. 1 Stunde backen.

Fleisch- und Wildgerichte

Krautkrapfen vom Filderkraut

Die Herstellung von Sauerkraut ist denkbar einfach. Man benötigt dazu lediglich ein luftdicht verschließbares Gefäß, in dem man den geschnittenen, zerstampften und gesalzenen Kohl einige Tage ruhen lässt. Dabei entsteht ein chemischer Prozess, der als Milchsäuregärung bezeichnet wird, wobei die wertvollen Nährstoffe des Kohls erhalten bleiben.

Auf diese Art konnte Kraut schon viele Jahrhunderte vor der Entstehung der ersten Konservenfabriken und der Erfindung der Tiefkühlkost konserviert werden und stand ganzjährig als vitaminreiches Lebensmittel zur Verfügung, das – insbesondere im Winter – Mangelerkrankungen verhinderte.

Zu den besten Anbaugebieten in Deutschland zählt die Filderebene bei Stuttgart mit ihrem nährstoffreichen und fruchtbaren Lössboden. Auf ihm wächst das berühmte Filderkraut, das besonders zur Herstellung von Sauerkraut geeignet ist, wobei auf den Fildern traditionell vor allem Spitzkraut angebaut wird.

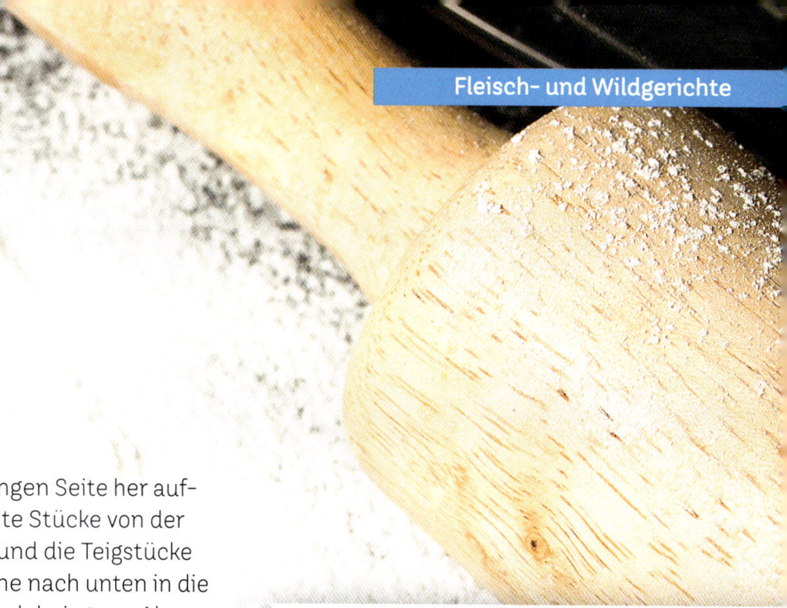

Fleisch- und Wildgerichte

Der Krautanbau und der Krauthandel waren lange Zeit ein wichtiger Erwerbszweig der Filderbauern, die den Spitzkohl auch zu Sauerkraut verarbeiteten und das Kraut über Jahrhunderte hinweg in der Umgebung von Stuttgart vertrieben. Seit Ende des 19. Jahrhunderts versandten die krautverarbeitenden Fabriken die »Perle der Fildern« sogar »über den Ocean nach Amerika« – wie der »Filder-Bote« 1884 zu berichten wusste.

ZUBEREITUNG

Für den Nudelteig Mehl, Eier, Salz, Öl und 4 Esslöffel kaltes Wasser in eine Schüssel geben und alles zu einem geschmeidigen Teig kneten. Den Teig in Frischhaltefolie wickeln und ca. 30 Minuten im Kühlschrank ruhen lassen.

Für die Füllung die Zwiebeln schälen und fein würfeln. In Butterschmalz anbraten, dann Sauerkraut, Lorbeerblätter und Wacholderbeeren zugeben und ca. 20 Minuten dünsten. Danach die Gewürze entfernen, mit Pfeffer und Salz abschmecken und abkühlen lassen.

Den Backofen auf 180 Grad vorheizen. Eine Auflaufform (innere Höhe ca. 5 cm) gut einfetten.

Den Teig auf der bemehlten Arbeitsfläche kurz durchkneten und dünn zu einem länglichen Rechteck ausrollen. Das abgekühlte Sauerkraut darauf verteilen und den Rand dabei frei lassen.

Den Teig von der langen Seite her aufrollen. Ca. 5 cm breite Stücke von der Rolle abschneiden und die Teigstücke mit der Schnittfläche nach unten in die Auflaufform setzen, dabei etwas Abstand lassen.

Die Form mit der erwärmten Brühe auffüllen, sodass die Krapfen fast bedeckt sind.

Mit Alufolie gut abdecken und im Ofen ca. 25 Minuten garen lassen. Eventuell die Backofentür ab und zu öffnen, damit der Dampf entweichen kann.

Danach die Alufolie entfernen und noch weitere 10 Minuten backen. Die fertigen Krapfen vor dem Servieren mit Butterschmalz bestreichen.

Einkaufszettel

ZUTATEN FÜR VIER PERSONEN

400 g Mehl

3 Eier

½ TL Salz

2 EL Öl

2 mittelgroße Zwiebeln

4 EL kaltes Wasser

Mehl für die Arbeitsfläche

2 Zwiebeln

500 g Sauerkraut

250 g geräucherter, fein gewürfelter Speck

500 ml Gemüsebrühe

2 Lorbeerblätter

5 Wacholderbeeren

Pfeffer, Salz

Butterschmalz zum Anbraten und Bestreichen

Fleisch- und Wildgerichte

Lammkeule vom Alblamm mit Backpflaumen gefüllt

Wer im Herbst über die Schwäbische Alb wandert, kann auf manchen Weiden einen Pflock entdecken, an den Stroh gebunden ist, einen so genannten Strohwisch. Vermutlich fällt das den wenigsten von uns auf, und wenn doch, macht man sich wohl kaum Gedanken darüber – es sei denn, man wäre ein Schäfer. Denn dieser unscheinbare Pflock ist sozusagen eine Nachricht des Weidebesitzers an den örtlichen Schäfer. Wenn »aufgesteckt« ist, darf die Schafherde nicht auf die Weide. Nicht aufgesteckt signalisiert die Erlaubnis, die Schafe bis zum Einsetzen der Vegetation im Frühjahr auf dem Gelände weiden zu lassen.

Fleisch- und Wildgerichte

Schafe gehören untrennbar zur Schwäbischen Alb, denn sie haben über Jahrhunderte hinweg deren landschaftliches Erscheinungsbild ganz wesentlich geprägt. Die einstmals weiträumigen Wacholderheiden entstanden insbesondere durch die intensive Beweidung mit Schafen, die dem Gelände zu einer eigenwilligen Naturschönheit verhalfen.

In den vergangenen Jahrhunderten zogen zahlreiche Wanderschäfer mit ihren Herden, die zu den größten in Europa zählten, über die Schwäbische Alb. Obwohl sie hart arbeiteten, genossen sie in der Bevölkerung nicht den besten Ruf, denn man unterstellte ihnen sowohl einen Hang zur Trunksucht als auch die Neigung, »hinter jedem Weiberrock« her zu sein.

Auch das Lammfleisch erfreute sich keiner sonderlich großen Beliebtheit. Kein Wunder also, dass Lammfleisch vor etwa 50 Jahren fast komplett von der heimischen Speisekarte verschwunden war.

Glücklicherweise wurde die einzigartige Kulturlandschaft, deren Reichtum an Tier- und Pflanzenarten in Baden-Württemberg einmalig sein dürfte, mittlerweile als besonderes Naturdenkmal erkannt. Im Kampf gegen die Verbuschung der Wacholderheiden kommen zusehends wieder Schafe zum Einsatz, die als vierbeinige Landschaftspfleger wesentlich zu ihrem Erhalt beitragen.

Lammfleisch von der Schwäbischen Alb ist heute ein Spitzenprodukt von höchster Qualität, das seinen ganz besonderen Geschmack durch das würzige Futter, das die Tiere auf den Wacholderheiden finden, erhält.

ZUBEREITUNG

Backpflaumen, Knoblauch, Rosmarin und Thymian klein schneiden. Zitronenschale abreiben. Lammrückenfilets seitlich aufschneiden (nicht durchschneiden), salzen, pfeffern, dann mit Backpflaumen, Knoblauch, Rosmarin, Thymian und Zitronenabrieb füllen. Lammrücken zusammenklappen und mit Spießen oder Schnur fixieren. In Mehl wenden und in einem Bräter kurz scharf anbraten. Fleisch entnehmen und im Backofen warm stellen. Im Bräter die klein geschnittene Zwiebel anbraten und mit Lamm- oder Gemüsefond ablöschen. Gehackten Rosmarin und Thymian zufügen. Rotwein und Sahne zugeben, dann reduzieren. Nach Belieben mit Zitronensaft, Salz und Pfeffer abschmecken. Fleisch wieder hinzugeben und fertig garen. Als Beilage eignen sich Spätzle.

Einkaufszettel

ZUTATEN FÜR VIER PERSONEN

4 Lammrückenfilets à 250 g

8 Backpflaumen

1 unbehandelte Zitrone

Knoblauch

1 mittelgroße Zwiebel

250 ml Lammfond (alternativ Gemüsefond)

50 ml Rotwein

100 ml Sahne

Rosmarin, Thymian

Salz, Pfeffer

Mehl, Öl zum Anbraten

Fischgerichte

Lachsfilet mit Zitronensauce und Wildreis

Fischgerichte

Einkaufszettel

ZUTATEN FÜR VIER PERSONEN

250 g Wildreis

4 Lachsfilets à 200 g

Olivenöl, Salz

FÜR DIE ZITRONENSAUCE

1 unbehandelte Zitrone
(Saft und 1 TL Schalenabrieb)

2 Schalotten

3 EL Butter

2 EL Mehl

150 g Crème fraîche

200 ml Gemüsebrühe

Pfeffer, Salz

Lachs war in unseren Gewässern lange so zahlreich, dass er zum »Fleisch der kleinen Leute« wurde. Im 19. Jahrhundert führten jedoch Industrieansiedlungen und der Bau von Wasserkraftwerken dazu, dass die Lachse weitgehend verschwanden. In den vergangenen Jahren wurden jedoch große und erfolgreiche Anstrengungen zur Wiederansiedlung des Wanderfisches unternommen.

ZUBEREITUNG

Den Wildreis gemäß Anleitung auf der Verpackung zubereiten. Schalotten schälen und fein würfeln. Mit Butter in einer Pfanne glasig dünsten. Mit Mehl bestäuben und noch kurz weiterbraten. Mit Gemüsebrühe ablöschen und gut verrühren, bis eine glatte Sauce entsteht. Kurz aufkochen, dann Hitze reduzieren und die Crème fraîche unterrühren. Zitronensaft und -schale nach und nach zugeben und dabei immer wieder abschmecken, bis der richtige Säuregrad erreicht ist. Zuletzt noch eine Messerspitze kalte Butter unterrühren und mit Pfeffer und Salz abschmecken.

Die Lachsfilets mit kaltem Wasser abspülen und gut trocknen. Olivenöl gut erhitzen und die gesalzenen Lachsfilets zuerst kurz auf der Fleischseite, dann auf der Hautseite gut anbraten. Deckel auf die Pfanne setzen und ca. 2 bis 5 Minuten (je nach Dicke der Filets) bei reduzierter Temperatur auf der Hautseite garen lassen. Danach ist der Fisch außen knusprig und innen noch glasig.

Fischgerichte

Die Neckarfischerei war einst ein wichtiger Erwerbszweig der Flussanwohner und spielte für die Lebensmittelversorgung der Bevölkerung eine wichtige Rolle. Tatsächlich zählte sie sogar zu den ältesten Nutzungen des Flusses. Für die Zeit um 5000 vor Christus sind unter anderem Maifische, Lachse, Barben, Hechte und Welse belegt. Zahlreiche Neckargemeinden tragen einen Fisch im Wappen und erinnern so bis heute daran, dass der Fischreichtum des Neckars ehemals die Existenzgrundlage für etliche Berufsfischer darstellte.

»Vikra« nannten die Kelten den Neckar. Das bedeutet »wildes Wasser«, eine Bezeichnung, die man heute nicht mehr unbedingt mit dem Neckar in Zusammenhang bringen kann. Denn der Fluss hat seine frühere Wildheit längst durch Begradigungen, Wehre und Wasserkraftwerke eingebüßt – gravierende Veränderungen, die zwangsläufig nicht ohne Auswirkung auf den Fischbestand blieben. Forellen, Lachse und zahlreiche andere Fischarten verschwanden weitgehend aus unserem großen schwäbischen Fluss.

Seit den 1970er-Jahren sorgen jedoch Renaturierungsmaßnahmen und Kläranlagen für eine deutlich verbesserte Wasserqualität. Heute tummeln sich wieder 42 Fischarten im Neckar. Das sind laut Fischereiverein Esslingen »etwa ebenso viele wie vor der Industrialisierung und dem Ausbau des Flusses zu einer Schifffahrtsstraße«. Wobei ihre Schadstoffbelastung deutlich unter den zulässigen Grenzwerten liegt. Gleichwohl ist die einstmals traditionsreiche Neckarfischerei inzwischen so gut wie ausgestorben. Vom mittlerweile wieder erstarkten Fischreichtum des Neckars profitiert in erster Linie die Sportfischerei.

Eine Lachs-Forellen-Terrine vom Neckarfisch ist also eine Besonderheit. Man kann sie sowohl ohne Beilagen servieren als auch mit grünem Salat oder geröstetem Weißbrot. Zudem eignet sie sich hervorragend für Feste und Einladungen, da sie bereits am Vortag zubereitet wird.

Lachs-Forellen-Terrine von der Neckarforelle

ZUBEREITUNG

Zunächst fettet man eine Kastenbackform aus und stellt sie kalt. Dann das Lachsfilet waschen, würfeln und in einer Schüssel mit Zitronensaft beträufeln. Anschließend eine Stunde im Kühlschrank marinieren.

In der Zwischenzeit heizt man den Backofen auf 200 Grad vor. Anschließend die Forellenfilets zerteilen und dem Lachs hinzufügen. Alles im Mixer pürieren. Ei, kalte Sahne und kalte Crème fraîche nacheinander beigeben und vermengen. Mit Salz und Pfeffer abschmecken.

Daraufhin wird die Masse in die Form gefüllt und bei 200 Grad etwa 35 Minuten im Backofen in einem Wasserbad gegart. Anschließend auskühlen lassen.

Terrine auf eine Platte stürzen und mit der Hälfte der Räucherlachsscheiben belegen. Die Form mit Klarsichtfolie auskleiden und über die Terrine stülpen. Umdrehen und die Oberseite mit dem restlichen geräucherten Lachs belegen. Abdecken und über Nacht im Kühlschrank aufbewahren. Mit grünem Salat oder Weißbrot servieren.

Einkaufszettel

ZUTATEN FÜR VIER PERSONEN

500 g Lachsfilet ohne Haut

150 g geräuchertes Forellenfilet

200 g Räucherlachsscheiben

250 ml Sahne

400 g Crème fraîche

1 Ei

Butter zum Fetten der Terrine

Zitronensaft

Salz, Pfeffer

Fischgerichte

Filet vom Bodenseefelchen im Kräuterflädleteig auf Rahmsauerkraut

Fischgerichte

Seit alters ist die Bodenseefischerei ein wichtiger Erwerbszweig für die Anrainer des Schwäbischen Meeres. Ihr bekanntestes Produkt ist der Bodenseefelchen. Dem Schwaben kommt allerdings die grammatikalisch korrekte maskuline Form niemals über die Lippen. Er bezeichnet den wohlschmeckenden Speisefisch stets sächlich als »das Felchen«.

Bereits 1893 wurde erstmals ein Abkommen zur Regelung der Fischerei zwischen den Anrainerstaaten des Bodensees geschlossen. Die Verordnung hat im Wesentlichen nach wie vor Bestand. Sie regelt Schonzeiten, Maschenweite und Netzgröße sowie die Mindestgröße der zu fangenden Fische.

Mittlerweile sind jedoch sowohl die Felchen als auch die Bodenseefischer in ihrem Bestand gefährdet. Schuld daran ist nicht etwa die Verschmutzung des Sees, sondern seine allzu große Sauberkeit. Während die Fische in den 1970er-Jahren noch an Sauerstoffmangel starben, fehlt es ihnen heute an Nahrung. Und vor allem die wichtigsten Bodenseebewohner, die Felchen, haben in dem sauberen See schlechte Überlebenschancen. Ihre Nahrung ist das Zooplankton. Dieses gibt es jedoch nur im Zusammenhang mit Algen, die wiederum in einem weitgehend phosphatfreien Gewässer kaum gedeihen können. Als Fischliebhaber darf man hoffen, dass sich über kurz oder lang eine allseits befriedigende Lösung findet, die sowohl die Existenz der Felchen und der Bodenseefischer als auch die Sauberkeit des Sees gewährleistet.

In der Zwischenzeit genießen wir unsere Bodenseefelchen nicht nur mit den klassischen Kartoffelbeilagen. Denn in Begleitung von Rahmsauerkraut und Kräuterflädle erschließt sich ein neues Geschmackserlebnis.

ZUBEREITUNG

Für das Rahmsauerkraut die Zwiebel fein schneiden, Butterschmalz in einem Topf erhitzen und die Zwiebel darin bei milder Hitze glasig dünsten. Das Sauerkraut beifügen und kurze Zeit mitköcheln lassen, ehe man das Ganze mit Weißwein ablöscht und die Gemüsebrühe, Lorbeerblätter und Wacholderbeeren zugibt. Im geschlossenen Topf bei geringer Hitze etwa 20 Minuten köcheln lassen. Dann gibt man die Sahne dazu und lässt das Rahmsauerkraut nochmals ca. 10 Minuten vor sich hin köcheln. Vor dem Servieren mit Salz und Pfeffer abschmecken.

Das Mehl mit der Milch und den Eiern zu einem glatten Teig verrühren. Die Kräuter waschen, gut abtropfen lassen, sehr fein schneiden und mit einer Prise Salz unter den Teig rühren.

Die gereinigten und getrockneten Fischfilets mit Zitronensaft beträufeln, mit Salz und Pfeffer würzen.

Während man die Butter in einer Pfanne erhitzt, taucht man die Felchenfilets nacheinander kurz in den Flädlesteig, gibt sie in die Pfanne und brät sie von beiden Seiten goldbraun an.

Einkaufszettel

ZUTATEN FÜR VIER PERSONEN

FÜR DAS RAHMSAUERKRAUT

500 g Sauerkraut

1 Zwiebel

125 ml trockener Weißwein

500 ml Gemüsebrühe

200 ml Sahne

2 Lorbeerblätter

5 Wacholderbeeren

Salz, Pfeffer, Butterschmalz

FÜR DIE FELCHEN IM FLÄDLETEIG

800 g Bodenseefelchenfilet

200 g Mehl

250 ml Milch

4 Eier

½ Bund Schnittlauch

1 Zweig Petersilie

1 Zweig Dill

1 ausgepresste Zitrone

Salz, Pfeffer, Butter

Fischgerichte

Lachsmaultaschen

Erst relativ spät, nämlich 1831, wurden die schwäbischen Maultaschen erstmals urkundlich erwähnt. Seinerzeit erschienen sie jedoch noch nicht unter ihrem heutigen Namen. Der württembergische Prälat Johannes Christoph von Schmid, dem wir diese Erwähnung verdanken, bezeichnete sie vielmehr als »gefüllte Nudel aus Schwaben«.

Fischgerichte

Die tatsächliche Entstehungszeit der schwäbischen Spezialität ist historisch nicht gesichert, dürfte aber deutlich früher in der Vergangenheit anzusiedeln sein. Eine genauere zeitliche Einordnung wird allerdings dadurch erschwert, dass sie in ihrer heutigen Form und unter ihrem heutigen Namen erst recht spät in schwäbischen Kochbüchern erscheint.

Mit Sicherheit wurden gefüllte Teigtaschen in unserer Region schon wesentlich früher zubereitet. Wobei fraglich bleibt, ob es sich dabei tatsächlich um »echte« Maultaschen im heutigen Sinne oder eher um deren Vorläufer handelte. Bis um die Mitte des 18. Jahrhunderts bezeichnete man sie als »Rafiolen«, was stark an das italienische Wort Ravioli erinnert. Dennoch kann die Namensähnlichkeit kaum als Beleg dafür gewertet werden, dass die gefüllten Teigtaschen einstmals aus Italien nach Schwaben eingewandert sind. Es spricht vielmehr alles dafür, dass sie an beiden Orten unabhängig voneinander »erfunden« wurden.

Eine Gemeinsamkeit bleibt dennoch: Hier wie dort entstanden die »Rafiolen« als typisches Arme-Leute-Essen, gefüllt mit dem, was man eben zur Hand hatte, oder den Resten vom Vortag.

Wenn wir hier ein Rezept für Lachsmaultaschen vorstellen, knüpfen wir an diese Tradition des Arme-Leute-Essens an. Denn der Speisefisch galt lange nicht als Delikatesse. Bis ins 19. Jahrhundert hinein wurde er als preisgünstiger Sattmacher genutzt, der die hungrigen Bäuche von Lehrjungen, Knechten und Bediensteten füllen sollte – bis diese schließlich auf die Barrikaden gingen und eine vertraglich festgelegte Reduzierung der ungeliebten Fischkost erzwangen.

ZUBEREITUNG

Das Rezept für den Maultaschenteig findet sich bei Maultaschen in der Brühe.

Lachs und Ricotta mit dem Zauberstab oder der Moulinette pürieren. Fein geschnittenen Basilikum zugeben und mit Salz und Pfeffer abschmecken. Falls die Masse zu fest ist, etwas Sahne zugeben. Sollte sie zu flüssig sein, hilft ein wenig Weckmehl.

Den Nudelteig auf einer ganz leicht bemehlten Arbeitsplatte mit einem Nudelholz dünn auswellen und in längliche Streifen schneiden. Alternativ kann man eine Ravioliausstecherform benutzen. Die Füllmasse in kleinen Häufchen auf die untere Hälfte der Teigstreifen setzen, den Teig um die Füllung mit Wasser bestreichen, die obere Hälfte darüberklappen und an den Rändern festdrücken. Rund zehn Minuten in Salzwasser köcheln lassen.

Lachsmaultaschen passen gut als Suppeneinlage in eine Gemüsebrühe, schmecken aber auch angebraten oder mit Tomaten und Käse überbacken bzw. mit gerösteten Sesamkörnern verfeinert hervorragend.

Einkaufszettel

ZUTATEN FÜR VIER PERSONEN

FÜR DEN TEIG

250 g Mehl

2 Eier

½ Schnapsgläsle Öl

Salz

FÜR DIE FÜLLUNG

300 g Lachsfilet

100 g Ricotta

Basilikum

Salz, weißer Pfeffer

eventuell etwas Sahne oder Weckmehl

Beschwipste Honauforelle

Fischgerichte

Die kleine Ortschaft Honau, am Albtrauf unterhalb von Schloss Lichtenstein gelegen, ist bis heute für ihre Forellen bekannt. Unweit des Dorfkerns entspringt die Echaz, ein nur 23 Kilometer langer Nebenfluss des Neckars. Das kalte, klare und sauerstoffreiche Bachwasser bietet ideale Lebensbedingungen für Saiblinge und Forellen, die zu den Lachsfischen zählen. Kein Wunder also, dass im Echaztal schon früh Fischzuchtbetriebe entstanden.

Die erste urkundliche Erwähnung des Dorfes und des fischreichen Baches erfolgte – wie könnte es auch anders sein! – im Zusammenhang mit den Echazfischereirechten. Die älteste erhaltene Urkunde über Honau datiert vom 23. Mai des Jahres 937 und dokumentiert eine Schenkung des damaligen deutschen Königs und späteren Kaisers Otto I. an den verdienten Priester Hartbert, der »die bisher dem königlichen Amt zustehende Fischgerechtigkeit von der Quelle der Ächaz bis zum Wirbel« erhielt.

Die Fischerei und die Forellenzucht haben in Honau eine lange Tradition. Denn das örtliche Klima und der Mangel an landwirtschaftlich nutzbaren Flächen erlauben keinen rentablen Anbau von Obst, Gemüse und Getreide. Das Echaztal ist hier so schmal, dass es kaum Platz für die Felder landwirtschaftlicher Betriebe bietet, zudem kann das enge Tal nicht gerade als von der Sonne verwöhnt bezeichnet werden. Daher entwickelten sich die Fischerei und die Forellenzucht neben dem Tuffsteinabbau und verschiedenen Handwerken, die das Wasser der Echaz nutzten, zu einem wichtigen Erwerbszweig der Dorfbewohner.

Die örtliche Gastronomie bietet die beliebten Forellen in zahlreichen Variationen an: von Forelle wacholdergeräuchert über »blau« bis nach »Müllerin Art«.

Rund 300 Meter unterhalb der Echazquelle betreibt einer der Honauer Gastronomiebetriebe seit über zweihundert Jahren eine Forellenzucht. Im klaren Quellwasser gedeihen Regenbogenforellen, Lachsforellen und Saiblinge, die man nicht nur im Restaurant verspeisen, sondern auch vor Ort küchenfertig und je nach Wunsch fangfrisch oder geräuchert erwerben kann.

»Beschwipste Forelle« findet sich übrigens nicht auf den vielfältigen Speisekarten der örtlichen Gastronomen. Sie sind eher eine kreative Weiterentwicklung traditioneller Fischgerichte. Und keine Angst: Bei diesem Rezept ist nur die Forelle »beschwipst«. Der beigefügte Weißwein wird den Essern kein Räuschle bescheren.

ZUBEREITUNG

Den Backofen auf 200 Grad vorheizen (Umluft 180 Grad). Die küchenfertigen Forellen waschen, innen mit Salz und Pfeffer würzen und mit ein paar Thymianzweigen füllen. Dann gibt man die Forellen in eine tiefe Auflaufform. Mit der Gemüsebrühe und dem Weißwein aufgießen, bis die Forellen ganz bedeckt sind. Im vorgeheizten Backofen ca. 15 bis 30 Minuten garen, wobei die Dauer je nach Backofenart etwas variieren kann.

Man kann die beschwipsten Honauforellen durchaus ohne Beilage verzehren, wer jedoch nicht darauf verzichten möchte, wählt entweder Dillkartoffeln oder frisches Bauernbrot.

Einkaufszettel

ZUTATEN FÜR VIER PERSONEN

4 ausgenommene frische Forellen

frischer Thymian

Pfeffer, Salz

650 ml Gemüsebrühe

350 ml Weißwein

Fischgerichte

Ofenschlupfer vom Federsee-Zander auf Prinzessbohnen mit Zitronensauce

Fischgerichte

Der Federsee ist heute vor allem als Naturschutzgebiet bekannt, das sich durch seinen enormen Artenreichtum auszeichnet. Nur wenige Kenner wissen um seine Vergangenheit als Fischgewässer. Dabei bereicherten die Fische des Federsees bereits vor mehreren tausend Jahren den Speiseplan unserer Vorfahren. Man fand dort 1875 beim Torfstechen Holzreste, die man zunächst für die Überbleibsel einer frühen Bootsanlegestelle der Pfahlbaubewohner hielt. Erst mehr als hundert Jahre später gelang der Nachweis, dass es sich bei diesem Fund um Fragmente einer Fischfanganlage aus frühkeltischer Zeit handelte.

Wenn wir uns diese seltene Köstlichkeit eines Zanders gönnen, darf auch die Zubereitungsart eine besondere sein: als Ofenschlupfer auf Prinzessbohnen mit Zitronensauce.

ZUBEREITUNG

Die Förmchen mit der Hälfte der Butter gut einfetten. Backofen auf 180 Grad vorheizen. Ein Backblech mit hohem Rand mit so viel Wasser füllen, dass es als Wasserbad für die Förmchen dient.

Den gewaschenen und abgetrockneten Fisch in 48 gleich große Stücke schneiden, deren Länge kleiner als der Durchmesser der Förmchen ist. Eigelb, Sahne, Petersilie, Schnittlauch und Dill gut verrühren und mit Pfeffer und Salz abschmecken. Aus dem Toastbrot 16 Kreise ausstechen, deren Durchmesser kleiner als der der Förmchen ist, damit sich die Flüssigkeit von oben nach unten verteilen kann. Auf den Boden jeder Form eine Scheibe Zucchini legen, darauf zwei Stück Zander und ein Stück Toast. Darauf wieder 2 Stück Fisch, eine weitere Scheibe Toast und zuletzt nochmals 2 Stück Fisch. Alle Förmchen mit der Flüssigkeit aus Eigelb und Sahne bis knapp unter den Rand füllen. Etwas rütteln oder mit einem Zahnstocher für die gleichmäßige Verteilung der Flüssigkeit in den Förmchen sorgen. Mit Semmelbröseln und Estragon bestreuen, darüber ca. 100 g Butterflöckchen verteilen. Die Formen ins heiße Wasserbad stellen und 15 Minuten garen.

Während die Ofenschlupfer im Ofen garen, die Prinzessbohnen waschen, entstielen und kurz in Salzwasser blanchieren.

Für die Zitronensauce die Zitrone gut waschen. Butter zerlassen und die klein geschnittenen Zwiebeln darin auf kleiner Flamme langsam weich braten. Dann mit dem Mehl binden und mit der Sahne ablöschen. Einmal kurz aufkochen lassen. Die Zitrone abreiben und den Saft auspressen. Beides zur Sauce geben. Mit Salz, Pfeffer und 1 Prise Zucker würzen. Ca. 20 Minuten unter häufigem Umrühren leicht köcheln.

Förmchen aus dem Ofen nehmen, kurz abkühlen lassen und mit einer Messerspitze am Rand entlang lösen. Auf vorgewärmte Teller stürzen, mit Dill garnieren und mit den Prinzessbohnen und der Zitronensauce servieren.

Einkaufszettel

ZUTATEN FÜR VIER PERSONEN

FÜR DIE OFENSCHLUPFER

8 Soufflé-Förmchen oder zylindrische Gefäße

800 g dünn geschnittenes Zanderfilet, ohne Haut, ohne Gräten

400 ml Schlagsahne

8 Eigelb

ca. 200 g Butter

8 dünne Scheiben Zucchini

16 sehr dünne Scheiben Toastbrot

4 EL Semmelbrösel

je 2 TL frisch gehackte Petersilie, Schnittlauch, Dill, Estragon

Salz, Pfeffer

Dill zur Garnitur

600 g Prinzessbohnen

FÜR DIE ZITRONENSAUCE

2 EL Butter

2 kleine Zwiebeln

250 g Sahne

1 EL Mehl

1 unbehandelte Zitrone

Pfeffer, Salz

1 Prise Zucker

Fischgerichte

Forellencreme-Pralinen im Blätterteig

Fischgerichte

Denkt man an schwäbische Fischereigewässer, fällt der Blick zunächst auf den Bodensee mit seinen legendären Felchen. Eher lokaler Berühmtheit erfreuen sich die Schwarzwälder und Honauer Forellen. Speisefische aus den oberschwäbischen Seen und Bächen spielen zumeist nur noch in der Sportfischerei eine Rolle. Und die zahlreichen klostereigenen Fischweiher, die einst im Schwäbischen existierten, sind seit langem weitgehend in Vergessenheit geraten. Dort betrieben die Mönche eine umfangreiche und durchaus lukrative Fischzucht. Angeblich wurde Fisch nur deshalb als Fastenspeise gestattet, damit die Klosterbrüder ihren reichen Fang auch während der Fastenzeit vermarkten konnten.

Auch wenn man den Wahrheitsgehalt dieser Legende durchaus anzweifeln kann, bleibt die Tatsache, dass die Mönche bei der kreativen Auslegung des Fastengebots große Schlitzohrigkeit entwickelten. So mutierten beispielsweise Vögel kurzerhand zu Wassertieren. Schließlich hatte sie der Herr am gleichen Tag wie die Fische erschaffen. Und sogar Biber galten wegen ihres geschuppten Schwanzes als Wassertiere und damit als legitime Fastenspeise.

Heute verbindet man mit der Fastenzeit vor allem den Verzicht auf Alkohol, Zucker, Nikotin und Fleisch. Gleichwohl ist Fisch – vor allem Forelle – bis heute die wichtigste Fastenspeise geblieben.

Außerhalb der Fastenzeit kommen im Ländle Fischgerichte allerdings wesentlich seltener auf den Tisch als Fleischgerichte. Daher drängt sich die Frage auf, ob Speisefisch in Schwaben vielleicht deshalb nicht gar so populär ist, weil er einfach mit unseren heimischen Beilagen – allen voran Spätzle und Knöpfle – nicht harmonieren will. Zu Fisch gehören nun mal Kartoffeln, die man in unseren Breitengraden vorzugsweise in Salatform genießt, ansonsten aber eher verhalten zu schätzen weiß.

Wer dem »Beilagen-Problem« entgehen will, ist mit den Forellencreme-Pralinen bestens beraten. Sie schmecken am besten warm aus dem Ofen, können jedoch auch kalt genossen werden.

ZUBEREITUNG

Forellenfilets waschen, abtupfen und gut zerkleinern. In eine Schüssel geben, mit einer Gabel zerdrücken und mit Frischkäse, Dill, Meerrettich, Senf und Limettensaft gut vermengen. Die Masse zu einer geschmeidigen Creme verrühren. Mit Salz und Pfeffer würzen. Daraus mit Hilfe von 2 kleinen Löffeln 20 Pralinen formen. Mit Frischhaltefolie abdecken und beiseitestellen. Den Backofen auf 170 Grad vorheizen.

Den Blätterteig in 20 Quadrate aufteilen. Jeweils 1 Praline pro Quadrat in der Mitte platzieren. Die 4 Ecken nach oben zusammenführen, gut zusammendrücken und miteinander verdrillen.

Backblech mit Backpapier auslegen, die Blätterteigsäckchen auf das Blech setzen und etwa 15 Minuten im Ofen backen. Dazu passt Gurken- oder Zucchinisalat.

Einkaufszettel

ZUTATEN FÜR 20 STÜCK (5 PRO PERSON)

150 g Forellenfilets ohne Haut, ohne Gräten

125 g Frischkäse

1 EL Meerrettich

1 Tupfer mittelscharfer Senf

etwas Limettensaft

1 EL fein gehackter Dill

Salz, Pfeffer

1 Packung Blätterteig

Einkaufszettel

ZUTATEN FÜR VIER PERSONEN

800 g Filet vom Hecht, Saibling oder Zander

300 g Fischreste (Schwänze, Köpfe, Gräten)

1 Stück Sellerie

1 Karotte

1 Zwiebel

750 ml Wasser

250 ml Weißwein

Salz

Butterschmalz zum Andünsten

Schnittlauch oder andere Kräuter zum Dekorieren

Bodensee-Fischtopf

Die Bodenseefischerei blickt auf eine große Tradition zurück. Lange war sie ein wichtiger Erwerbszweig für die Anrainer des Schwäbischen Meeres. Neben dem legendären Bodenseefelchen zählen Hecht, Saibling und Zander zu den wichtigsten Speisefischen des Sees.

Heute gibt es allerdings nur noch etwa 120 Bodenseefischer. Lehrlinge finden sich schon lange nicht mehr. Viele Vertreter des altehrwürdigen Berufsstandes sind stark in ihrer Existenz gefährdet. Denn der Fang ging so stark zurück, dass der Bedarf für den Bodenseetourismus und die Gastronomie kaum noch gedeckt werden kann.

Abhilfe könnte die Aquakultur bringen, die jedoch derzeit am Bodensee nicht zugelassen ist. Eine andere wäre die Erhöhung der Phosphatwerte, damit die Tiere wieder genügend Nahrung finden.

ZUBEREITUNG

Das Wasser erhitzen, die Fischreste und etwas Salz zugeben. Eine knappe halbe Stunde köcheln lassen. Dann den Weißwein beifügen. Das Ganze nochmals 10 Minuten köcheln lassen.

In der Zwischenzeit wird die Zwiebel geschält und fein geschnitten. Gemüse putzen und zerkleinern. Dann mit der Zwiebel in Butterschmalz andünsten. Den Fischsud abseihen und das Gemüse damit ablöschen. Etwa 10 Minuten köcheln lassen.

Die Fischfilets in mundgerechte Stücke schneiden und hinzufügen. 5 bis 10 Minuten garen. Die Suppe mit fein geschnittenen Schnittlauchröllchen garnieren und mit Bauernbrot servieren.

Vegetarische Hauptspeisen

Vegetarische Hauptspeisen

Luggeleskäs mit frischem Walnussbrot

Vegetarische Hauptspeisen

Luggeleskäse ist eine uralte schwäbische Spezialität, die heute kaum noch bekannt ist. Damit fütterte man nicht nur neugeborene Hühner, sondern es war auch ein weit verbreitetes Nahrungsmittel der bäuerlichen Bevölkerung.

Die frisch geschlüpften Tiere, auch Luggele genannt, sind ganz besonders empfindlich und benötigen daher in den ersten Tagen viel Zuwendung und eine spezielle Kost, die sie früher in Form von Luggeleskäse erhielten.

Sucht man den Ursprung des Begriffes, landet man unweigerlich beim Deutschen Wörterbuch der Gebrüder Grimm. Dort werden die Worte »lock« und »luck« als Lockrufe für Herdentiere, Falken und Hunde vorgestellt. Und tatsächlich riefen auch die schwäbischen Bäuerinnen: »Luck, luck, komm, Luggele«, wenn sie ihre Hühner zum Fressen rufen wollten.

Luggeleskäs ist ein ausgesprochen preiswertes Gericht, eine typische Speise der kleinen Leute, die im lange nicht gerade auf Rosen gebetteten Schwabenland und vor allem auf der kargen Schwäbischen Alb sehr viel Kreativität entfalten mussten, um das Überleben der Familie zu gewährleisten. In aller Regel wurde Bauernbrot zum Luggeleskäs serviert. Das einstige Traditionsgericht passt aber auch wunderbar zu frischem Walnussbrot und Rucola-Erdbeersalat.

ZUBEREITUNG

Die Milch an einem warmen Ort stehen lassen, damit sie sauer wird. Dann die dicksaure Milch abrahmen und im Wasserbad bei 23 bis 25 Grad etwa 3 bis 4 Stunden erwärmen. Die Masse in ein Säckchen füllen und gut abtropfen lassen. Den abgenommenen sauren Rahm wieder zugeben und nach Geschmack mit den genannten Zutaten würzen.

Alternativ kann man auch Schmand mit Sauerrahm mischen und ebenfalls nach Geschmack würzen.

Für das Walnussbrot beide Mehle in einer Schüssel mischen und in die Mitte eine Mulde drücken. 50 ml Wasser mit der Hefe und dem Honig verrühren, in die Mulde geben und leicht zu einem Vorteig zusammenkneten. Die Schüssel mit einem Küchentuch abdecken und an einem warmen Ort 10 Minuten ruhen lassen.

Die Nüsse klein hacken und anschließend in einer Pfanne ohne Fett hellbraun anrösten. Die abgekühlten Nüsse und das restliche Wasser sowie das Salz zum Vorteig geben. Gut durchkneten, dann zu einer Kugel formen und abgedeckt 30 Minuten an einem warmen Ort gehen lassen.

Einkaufszettel

ZUTATEN FÜR VIER PERSONEN

FÜR DEN LUGGELESKÄS

2 l frische, nicht entrahmte, nicht pasteurisierte Vollmilch

Salz, Pfeffer

Kümmel

Zwiebel

Schnittlauch nach Wahl

FÜR DAS WALNUSSBROT

500 ml Wasser

260 g Weizenmehl Type 405

260 g Weizenmehl Type 550

42 g (1 Würfel) Hefe

3 TL flüssiger Honig

150 g Walnusskerne

3 TL Salz

etwas Butter

etwas Mehl

Backofen auf 250 Grad vorheizen. Den Teig auf einer bemehlten Arbeitsfläche durchkneten und zu einem Laib formen. In eine gefettete und leicht bemehlte Kastenform (32 cm) geben und 30 Minuten ruhen lassen. Bei 250 Grad auf der mittleren Schiene 10 Minuten vorbacken. Dann Hitze auf 190 Grad reduzieren und nochmals etwa 50 Minuten backen.

Vegetarische Hauptspeisen

Ulmer Spargel mit Rhabarber-Vinaigrette

Vegetarische Hauptspeisen

Lange Zeit galt es als gesichert, dass Spargel Mitte des 16. Jahrhunderts erstmals im deutschsprachigen Raum durch Kurfürst Karl Ludwig von der Pfalz im Schwetzinger Schlossgarten kultiviert wurde. Tatsächlich begann die Geschichte des Asparagus auf deutschem Boden jedoch bereits 1475 und zwar in Urach, wo Barbara Gonzaga von Mantua das Gemüse erstmals anbauen ließ.

Heute ist nur noch wenig bekannt, dass auch die Ulmer Region nach Urach, Schwetzingen und Stuttgart zu den frühen Spargelanbaugebieten zählte. Seit etwa Mitte des 18. Jahrhunderts wurde das Stangengemüse im Donautal, im Blautal und auf den Mergelterrassen der südlichen Alb kultiviert. Neben dem Hopfen- und Flachsanbau sowie dem Weinhandel entwickelte sich der Spargelanbau rasch zu einem wichtigen Erwerbszweig. Bis um die Wende zum 20. Jahrhundert genoss der Ulmer Spargel weit über die Grenzen hinaus einen ausgezeichneten Ruf. In Fässern wurde er donauabwärts verschifft. Und nach der Eisenbahnanbindung Ulms erfolgte der Export sogar bis nach Frankreich, Russland und über Bremerhaven in die USA.

Anscheinend ging die Wertschätzung so weit, dass der Generalinspekteur »Auler Pascha« auf dem Weg nach Ankara den Orient-Express außerplanmäßig in Ulm anhalten ließ. Dort mussten einige Stangen vom Ulmer Asparagus eingeladen werden, da der Gesandte auch in der Türkei nicht auf deren Genuss verzichten wollte.

Seit Beginn des 20. Jahrhunderts ging auf dem Gebiet der einstigen Freien Reichsstadt der Spargelanbau allerdings deutlich zurück. Denn zahlreiche Anbauflächen mussten dem gestiegenen Bedarf nach Wohnraum und Gewerbeflächen weichen. Und während der Weltkriege stand natürlich die Versorgung mit überlebensnotwendigen Kartoffeln im Vordergrund. Zwangsläufig musste die arbeitsintensive Spargelproduktion in den Hintergrund treten.

Von der ehemaligen Ulmer Spargeltradition ist nur wenig übrig geblieben. Anbauflächen finden sich heute wieder in Söflingen, wo der geschmacksintensive grüne Asparagus kultiviert wird. Dabei kann gerade der würzige grüne Spargel mit anderen saisonalen Zeitgenossen eine überzeugende aromatische Verbindung eingehen. Sein spezieller Geschmack harmoniert besonders mit der herben Süße von Freiland-Rhabarber, Nussöl und Himbeeressig.

ZUBEREITUNG

Zuerst wird der Rhabarber gewaschen, dann in etwa 5 Zentimeter große Stückchen geschnitten und mit dem Zucker vermischt, den man eine halbe Stunde einziehen lässt.

Aus Walnuss- oder Haselnussöl, Himbeeressig und Salz die Vinaigrette anrühren. Den Rhabarber und die fein geschnittenen Kräuter zugeben.

Anschließend wird der Spargel gewaschen, die unteren Enden abgeschnitten und etwa 10 Minuten lang in kochendem Salzwasser gegart. Dabei sollte man ihn nicht zu lange kochen, damit er bissfest bleibt. Danach abtropfen lassen, auf einer flachen Platte anrichten, die Vinaigrette zugeben und warm servieren.

Einkaufszettel

ZUTATEN FÜR VIER PERSONEN

500 g frischer grüner Spargel

100 g Rhabarber

4 EL Walnuss- oder Haselnussöl

2 EL Himbeeressig

1 EL Zucker

Salz

fein gehackter Schnittlauch

fein gehackte Petersilie

Pfannkuchen mit Mangoldgemüse und Pinienkernen

Vegetarische Hauptspeisen

Zu unserem Bedauern müssen wir konstatieren, dass Pfannkuchen keine rein schwäbische Angelegenheit sind. Ähnliche Gerichte kennt man auch in anderen Ländern und Regionen. Die Erklärung dafür liegt auf der Hand: Die Zutaten für den Teig waren zumeist auch für mittellose Bevölkerungsschichten einigermaßen erschwinglich. Speisereste vom Vortag sorgten für eine schmackhafte Füllung. Notfalls musste etwas Kompott oder Gsälz ausreichen. Nahrhaft waren die Fladen auf jeden Fall.

Mittlerweile hat auch die industrielle Lebensmittelproduktion Pfannkuchen im Angebot. Ein bekannter Hersteller bietet einen »Pfannkuchenteig-Mix« fix und fertig in der »Shakerflasche« an. Laut Herstellerangabe soll man »fettarme Milch« zugeben, das Ganze schütteln und in der Pfanne anbraten. Befremdlich ist hier nicht nur die seltsame Verbindung von fettarmer Milch mit den nicht unbeträchtlichen Mengen an Butter, die zum Anbraten in der Pfanne benötigt werden. Misstrauisch macht auch das Versprechen des Herstellers, aus dieser Teigmischung sowohl Crêpe als auch schwäbische Pfannkuchen herstellen zu können.

Echte schwäbische Pfannkuchen bieten eine schier unendliche Bandbreite an Variationsmöglichkeiten. Man kann sie pur genießen, als Beilage, sowohl mit süßer als auch mit herzhafter Füllung. Dabei ist die Herstellung auch für absolute Kochpuristen kinderleicht zu meistern.

Eine willkommene Bereicherung bieten Zutaten wie Mangold, Pinienkerne oder auch Parmesan und Cashewnüsse, wenngleich diese nicht unbedingt zu den alteingesessenen Bestandteilen unserer heimischen Küche zählen.

ZUBEREITUNG

Den Mangold säubern und abtrocknen. Die Stiele entfernen und zerkleinern. Die Blätter ebenfalls klein schneiden. Anschließend Zwiebeln und Knoblauch schälen, fein schneiden und in einer Pfanne mit Öl anbraten. Gelegentlich wenden, bis die Zwiebeln eine leichte Tönung annehmen. Nun werden die Mangoldstiele zugegeben und unter gelegentlichem Wenden so lange mit dem Rest angebraten, bis sie weich werden. Gegebenenfalls sollte etwas Brühe oder Wasser beigefügt werden.

Mangoldblätter hinzufügen und das Ganze mit geschlossenem Deckel in der Pfanne köcheln lassen. Wenn die Mangoldblätter weich sind, Sahne zugeben, nochmals durchrühren. Mit Salz und Pfeffer abschmecken.

Für die Pfannkuchen Mehl, Ei, Salz und etwa die Hälfte der Milch in einer Schüssel verrühren. Die restliche Milch nach und nach zugeben, bis ein glatter, flüssiger Teig entsteht. Diesen füllt man portionsweise in eine Pfanne mit heißer Butter und backt die Pfannkuchen beidseitig aus.

Die fertigen Pfannkuchen kurz bei niedriger Temperatur im Backofen warm stellen, während man die Pinienkerne in einer kleinen Pfanne vorsichtig anbrät.

Die warmen Pfannkuchen mit dem Mangoldgemüse füllen und vor dem Servieren mit Pinienkernen garnieren.

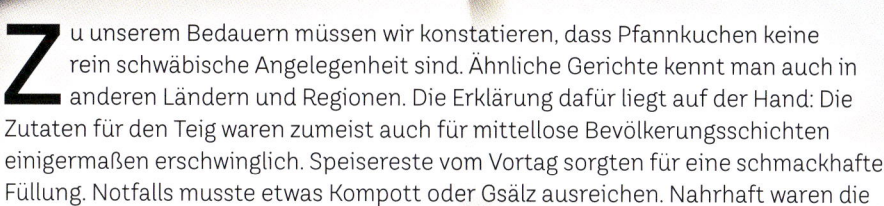

Einkaufszettel

ZUTATEN FÜR VIER PERSONEN

FÜR DAS MANGOLDGEMÜSE

750 g Mangold

2 mittelgroße Zwiebeln

2 mittelgroße Knoblauchzehen

75 ml Sahne

80 g Pinienkerne

Pfeffer, Salz und Öl

FÜR DIE PFANNKUCHEN

250 g Mehl

500 ml Milch

1 Ei

½ TL Salz

Butter oder Butterschmalz

Maronenbraten

Kaiser Karl der Große erließ im Jahr 812 eine Landgüterverordnung, die so genannte »Capitulare de villis«. Darin befürwortete er ausdrücklich die groß angelegte Verbreitung von Maronenbäumen. Gleichwohl fand die aromatische Frucht in unserer Region nur wenig Verbreitung. Obwohl sie durchaus auch in sonnenarmen Gegenden und auf kargen Böden gedeihen kann, konnte sie im Schwabenland nie wirklich Fuß fassen. Aber trotzdem sind die Esskastanien eine willkommene Bereicherung unserer klassischen Küche.

Einkaufszettel

ZUTATEN FÜR VIER PERSONEN

- 150 g gekochte Maronen
- 150 g Pilze
- 150 g geriebene Haselnüsse
- 80 g Semmelbrösel
- 2 Eier
- 1 Zwiebel
- 1 Knoblauchzehe
- 100 ml Sahne
- Rosmarin, Thymian, Majoran, fein gehackt (in der Summe etwa 2 EL)
- Kräutersalz, Pfeffer
- Fett zum Anbraten und Einfetten der Kuchenform

ZUBEREITUNG

Rosmarin, Thymian und Majoran waschen und fein zerkleinern. Pilze säubern und fein hacken. Zwiebel und Knoblauchzehe schälen und fein schneiden. Kastanien pürieren. Pilze, Knoblauch und Zwiebel kurz in heißem Fett andünsten. Die Kräuter und die pürierten Maronen zugeben.

Während man die Pilz-Maronen-Masse abkühlen lässt, wird der Backofen auf 200 Grad vorgeheizt.

Die geriebenen Haselnüsse mit Eiern, Semmelbröseln und Sahne vermengen und unter die erkaltete Maronen-Masse rühren. Mit Kräutersalz und Pfeffer würzen und in die eingefettete Kuchenform geben. Etwa eine halbe Stunde bei 200 Grad backen. Anschließend aus der Form nehmen, in Scheiben schneiden und warm servieren.

Dazu reicht man zum Beispiel einen Salat aus Brunnenkresse mit Heidelbeeren.

Vegetarische Hauptspeisen

Lange bevor Friedrich der Große seine preußischen Untertanen zum Anbau von Kartoffeln nötigte, hatte die Pflanze bereits in Württemberg Fuß gefasst. Zunächst allerdings nur als Zierpflanze in den Gärten des Adels und als begehrter Haarschmuck der Damen.

Als nahrhafte Ackerfrucht, die auch auf den wenig gesegneten Böden der Schwäbischen Alb prächtig gedeihen kann, hat sie nie wirklich den Weg in die schwäbischen Herzen und auf die heimischen Teller gefunden. Lediglich als Bestandteil von Gaisburger Marsch und vor allem in Form von Kartoffelsalat vermag sie uns zu beglücken.

Saure Kartoffelrädle sind eine klassische Restemahlzeit. Wenn am Montag noch Restle vom sonntäglichen Kartoffelsalat übrig waren, wurde er mit Zwiebeln, Essig, Nelken, Lorbeerblättern und Liebstöckel zu einem neuen Gericht verarbeitet, das gemeinhin ohne weitere Zutaten auf den Tisch kam. Heute verwenden wir bei der Zubereitung in aller Regel frische Kartoffeln.

ZUBEREITUNG

Die gekochten Kartoffeln schälen und in Scheiben schneiden. Anschließend aus dem Fett, dem Mehl und den Zwiebeln eine Einbrenne herstellen. Mit dem Wasser ablöschen. Die restlichen Zutaten hinzugeben und etwa 25 Minuten kochen lassen. Lorbeer und Nelken entfernen, die warmen Kartoffeln hinzugeben und nochmals erhitzen. Mit Salz und Pfeffer und evtl. nochmals etwas Essig, abschmecken. Mit Schnittlauch bestreut servieren.

Dazu passt Ackersalat mit Cocktailtomaten.

Einkaufszettel

ZUTATEN FÜR VIER PERSONEN

1 kg gekochte Kartoffeln
30 g Fett
50 g Mehl
1 EL geschnittene Zwiebeln
750 ml Wasser
1 Prise Salz
3 EL Essig
1–2 Nelken
2–3 Lorbeerblätter
etwas Liebstöckel
Pfeffer, Salz
Schnittlauch zum Bestreuen

Saure Kartoffelrädle

Vegetarische Hauptspeisen

Einkaufszettel

ZUTATEN FÜR VIER PERSONEN

300 g tiefgekühlter Blätterteig

700 bis 800 g Gaishirtle

300 g Ziegenkäse

1 Esslöffel Honig

frischer Thymian

Pfeffer und Salz

Gaishirtle sind eine alte schwäbische Birnensorte, die außerhalb unserer Region komplett unbekannt ist. Mitte des 18. Jahrhunderts soll sie von einem Gaishirten – für Menschen mit norddeutschem Migrationshintergrund: in Schwaben bezeichnet man Ziegen als Gaisen oder Geißen – als Zufallssämling in der Nähe von Stuttgart gefunden worden sein.

1779 wurde die Frucht, die auch als Stuttgarter Russelet bekannt ist, von J. J. Walter erstmals beschrieben. Sie zeichnet sich durch ihren ganz besonderen süßen, zimtartigen Geschmack und ihre zarte Schale aus und ist damit als Hutzel für unser weihnachtliches Hutzelbrot geradezu prädestiniert, vermag aber auch als aromatischer Edelbrand verwöhnte Gaumen zu erfreuen.

Die schmackhafte Sommerbirne, die früher in schwäbischen Gärten weit verbreitet war, ist ein pflegeleichter Geselle, der nur bescheidene Ansprüche an seine Umwelt stellt. Stuttgarter Russelet gedeihen – auch wenn sie warme Lagen bevorzugen – gleichsam in jedem Boden und sind gegen Krankheiten und Pflanzenschädlinge weitgehend resistent. Ihre früh erscheinende Blüte vermag auch widrigen Wetterverhältnissen zu trotzen.

Aber trotz dieser günstigen Eigenschaften und trotz ihres unvergleichlichen Aromas ist die Frucht mittlerweile eine Rarität geworden, die nur schwer käuflich zu erwerben ist. Kenner und Liebhaber finden sie nicht im Supermarkt, sondern allenfalls in einigen Hofläden, gelegentlich auch auf dem Wochenmarkt oder in ausgewählten Markthallen. Und wer sich angesichts der wenigen Anbieter dazu entschließt, seine Gaishirtle ganz einfach im Garten oder auf dem Gütle anzubauen, muss feststellen, dass die Bäume mittlerweile kaum noch erhältlich sind.

Mit ihrem feinwürzig zimtenen Geschmack passt die Sommerbirne sowohl zu Süßspeisen als auch zu herzhaften Gerichten, insbesondere im Zusammenspiel mit kräftig würzigem Käse, wie beispielsweise Parmesan, Brie, Roquefort, Appenzeller, Blauschimmel- oder Ziegenkäse, wobei frische Kräuter, wie Rosmarin und Oregano, das Geschmackserlebnis abrunden.

ZUBEREITUNG

Blätterteig auftauen lassen, ausrollen und in eine gefettete Form legen, wobei man sowohl ein eckiges Backblech als auch eine runde Tarte-Form verwenden kann. An den Rändern wird der Blätterteig so eingeschlagen, dass ein maximal 2 bis 3 Zentimeter dicker Teigrand entsteht.

Dann werden die Gaishirtle gewaschen, geschält, entkernt und in nicht zu winzige Schnitzchen geschnitten. Sodann zerkleinert man den Ziegenkäse und verteilt ihn auf dem Blätterteig. Den Käse mit den Birnenspalten belegen, etwas Thymian darübergeben, mit Salz und Pfeffer würzen.

Im vorgeheizten Backofen bei 200 Grad etwa eine halbe Stunde backen, bis der Blätterteigrand schön goldbraun ist und die Gaishirtle weich, aber noch bissfest sind. Vor dem Servieren mit dem Honig bepinseln.

Vegetarische Hauptspeisen

Polenta-Spinat-Roulade auf Alblinsen

Vegetarische Hauptspeisen

Zu den wichtigsten Produkten der Schwäbischen Alb gehören die eiweiß- und mineralstoffreichen Alblinsen. Die Bezeichnung »Alb-Leisa« – »Leisa« bedeutet im Schwäbischen Linsen – steht sowohl für das Produkt als auch die Erzeugergemeinschaft, die es vermarktet. Beliefert werden insbesondere Bioläden und gastronomische Betriebe. Doch auch wer außerhalb des Ländles wohnt, bleibt vom Linsenvergnügen nicht ausgeschlossen, denn die gesunde Hülsenfrucht kann mittlerweile auch übers Internet bestellt werden.

Linsen sind heute kein Arme-Leute-Essen mehr, sondern eine hochwertige regionale Spezialität, die sich immer häufiger in neuer Interpretation auf den Speisekarten heimischer Gastronomen findet. Dabei verbindet die moderne schwäbische Küche die nahrhaften Hülsenfrüchte gerne mit mediterranen Elementen und vielfältigen Zutaten, die erst in jüngerer Zeit Einzug in unsere Region gefunden haben.

ZUBEREITUNG

Linsen in einer Schüssel mit Wasser bedecken und über Nacht quellen lassen. Dadurch werden sie beim Kochen schneller gar.

Die Linsen zusammen mit den Lorbeerblättern in einem Topf mit ausreichend Wasser gar kochen. Brühwasser aufbewahren und Linsen abkühlen lassen, die Lorbeerblätter entfernen.

Die Zwiebel schälen und würfeln. Das Mehl im heißen Butterschmalz hellbraun rösten. Zwiebeln zugeben und weiterdünsten. Mit dem Brühwasser der Linsen ablöschen und gut rühren, bis eine sämige Sauce entsteht. Sollte die Saucenmenge nicht ausreichen, um danach alle Linsen zu bedecken, nochmals etwas Mehl und Brühwasser zugeben. Die Linsen unterrühren und alles mit Essig, Pfeffer und Salz abschmecken.

Den Spinat waschen, säubern, Stiele entfernen und kurz in heißem Wasser blanchieren. Mit kaltem Wasser abschrecken und in einem Sieb gut abtropfen lassen, evtl. etwas ausdrücken.

Brühe aufkochen, den Maisgrieß einrühren und bei geringer Wärmezufuhr quellen lassen.

Schalotten schälen, fein würfeln und mit dem Olivenöl anbraten. Spinat hinzugeben und kurz mitdünsten. Spinatmasse mit den Eiern im Mixer pürieren und auf ein mit Backpapier ausgelegtes Blech ca. 1 Zentimeter hoch rechteckig (ca. 20 x 30 cm) verteilen. Im vorgeheizten Backofen bei 180 Grad ca. 10 Minuten backen, bis die Masse stockt und fest ist. Etwas abkühlen lassen, dann die Masse vorsichtig auf ein Handtuch stürzen. Backpapier abziehen. Mit der Polenta ca. 1 Zentimeter hoch bestreichen, darauf die Tomatenwürfel verteilen. Von der Längsseite her (mit Hilfe des Handtuchs) vorsichtig aufrollen. In Scheiben schneiden, kurz im Backofen erwärmen und zusammen mit den Linsen servieren.

HINWEIS

Die gebackene Spinatmasse darf nicht zu viel oder zu wenig Flüssigkeit enthalten, da sie sonst beim Aufrollen zerfällt oder bricht. Daher beim Backen die richtige Konsistenz abpassen. Rezept ist etwas zeitintensiv und erfordert Geschick beim Aufrollen der Roulade.

Einkaufszettel

ZUTATEN FÜR VIER PERSONEN

175 g Maisgrieß

500 ml Gemüsebrühe

600 g frischer Spinat

eine Handvoll getrocknete oder frische Tomatenwürfel

4 Eier

3 Schalotten

Olivenöl

250 g Alblinsen

Weinessig

2 Lorbeerblätter

1 große Zwiebel

50 g Butterschmalz

50 g Mehl

Pfeffer, Salz

Vegetarische Hauptspeisen

Kürbis-Ofengemüse mit Ziegenkäse im Honig-Nuss-Mantel

Vegetarische Hauptspeisen

Obwohl Kürbisse mit Sicherheit bereits seit der Mitte des 16. Jahrhunderts in Schwaben bekannt sind, waren sie lange Zeit weitgehend aus der heimischen Küche verschwunden. Erst Ende der 1990er-Jahre wurden sie wiederentdeckt und erfreuen sich seither ungebrochener Popularität als Nahrungsmittel, das sowohl reich an Vitaminen und Mineralstoffen als auch kalorienarm und vielseitig einsetzbar ist. Aus Kürbissen kann man fast alles zubereiten: Suppen, Brote, Kuchen, Salate, Desserts, Beilagen zu Fleischgerichten und Fischspeisen. Außerdem passt der Kürbis ausgezeichnet zu unserer traditionellen schwäbischen Küche, sei es als Bestandteil von Aufläufen, Eintöpfen oder Kürbis-Spätzle und als Pfannkuchenfüllung.

Ein besonders gelungenes Geschmackserlebnis ergibt sich aus der Verbindung mit Ziegenkäse, den man heute in Biolandqualität auf der Schwäbischen Alb erhält. Vermutlich hat die Herstellung des wohl ältesten Käses der Welt in unserer Region keine große Tradition, gleichwohl waren die robusten Tiere auf der Schwäbischen Alb weit verbreitet. Sie galten als »Kuh des armen Mannes«. Wobei die einfachen Albbauern gemeinhin über keine größeren Herden verfügten, sondern sich in aller Regel mit einer Ziege begnügen mussten, die die Familie mit Milch versorgte.

Zu den nicht gerade mit Wohlstand gesegneten Leuten, die sich eine Ziege hielten, zählten auch die Bahnwärterfamilien, die in den für Württemberg typischen Bahnwärterhäuschen an den Eisenbahnstrecken lebten. Daher bezeichnete man die wiederkäuenden Paarhufer gelegentlich auch als »Bahnwärterskuh«.

Das Oberamt Reutlingen weiß 1893 zu berichten: »Die Ziege hat in den letzten Jahren die Kuh aus dem Stall des kleinen Bauern (...) verdrängt und ist deshalb gegenwärtig im Bezirk stärker als zur Zeit der letzten amtlichen Zählung im Jahr 1883 vertreten, wo die Gesamtzahl sich auf 1931 Stück belief. Sie wird als Melktier, namentlich von dem ärmeren Manne, immer geschätzt bleiben. Eine außergewöhnliche Rasse ist nicht vertreten.«

ZUBEREITUNG

Backofen auf 190 Grad vorheizen. Gemüse waschen und putzen. Karotten und Pastinaken schälen und vierteln. Kürbis ungeschält in ca. 1 Zentimeter breite Schnitze schneiden. Öl mit Honig, Pfeffer und Salz vermengen. Geschnittenes Gemüse auf einem mit Backpapier ausgelegten Backblech verteilen. Alle Stücke mit dem Ölgemisch gut benetzen. Mit Alufolie abdecken und 20 Minuten im Ofen garen. Dann Alufolie entfernen und weitere 20 Minuten backen. Mit Zitronensaft und fein geschnittener Minze vermengen.

Alternativen: Schmeckt auch mit Fenchel, Paprika oder Süßkartoffel.

Ziegenkäse mit flüssigem Honig (evtl. zuvor im heißen Wasserbad erhitzt) bestreichen und mit den gehackten Nüssen oder Mandeln panieren. Im vorgeheizten Backofen bei ca. 150 Grad ca. 10 Minuten erhitzen.

Einkaufszettel

ZUTATEN FÜR VIER PERSONEN

4 Stück Ziegenkäse à 125 g

Honig, gehackte Nüsse oder Mandeln

FÜR DAS KÜRBIS-OFENGEMÜSE

300 g Karotten

300 g Pastinaken

300 g Hokkaido-Kürbis

150 ml Olivenöl

4 EL Honig

2 EL Zitronensaft

frische Minze

Salz, Pfeffer

Vegetarische Hauptspeisen

Pfitzauf mit Sauerampfer

Die fertigen Pfitzauf sehen ein bisschen wie Pilzköpfchen aus. Das Ergebnis ist gelungen, wenn sie außen schön knusprig und innen weich und luftig bis leicht »dätschig« sind. Am besten verzehrt man sie ganz heiß direkt aus dem Ofen, wobei man durchaus auf Besteck verzichten darf.

Das luftig leichte Gebäck, das in den katholischen Regionen Schwabens auch als Fastenspeise und Freitagsessen beliebt war, wurde traditionell als süße Hauptmahlzeit zubereitet. Tatsächlich lässt sich der Pfitzauf jedoch mit zahlreichen Zutaten kombinieren. Er passt nicht nur als süße Hauptmahlzeit, sondern auch als Sättigungsbeilage zu Fleischgerichten. Und natürlich kann man das »schwäbische Soufflee« ebenso gut als herzhaftes vegetarisches Hauptgericht mit Kräutern, Pilzen und Gemüse kredenzen.

ZUBEREITUNG

Nachdem man die Pfitzaufformen bis zum Rand gut eingebuttert hat, tens bis zur Hälfte füllen sollte.

Im gut vor geheizten Backofen etwa 45 Minuten bei 200 Grad backen. Dann sofort heiß in der Pfitzaufform servieren, die Pfitzauf mit zwei Gabeln entnehmen und die Sauerampfersauce beifügen.

> **TIPP**
> Damit Pfitzauf wirklich gelingt, frische Eier verwenden, die Zutaten sollten immer Zimmertemperatur haben und während des Backvorgangs niemals die Backofentüre öffnen, sonst fallen die Pfitzauf zusammen!

Während die Pfitzauf im Backofen ihrer Vollendung entgegengehen, fertigt man die Sauerampfersauce an. Hierfür die Zwiebel sehr fein schneiden und mit der Hälfte der Butter glasig dünsten. 50 g Sauerampferblätter zufügen und ganz kurz andünsten. Die Sahne zufügen, das Ganze einige Minuten köcheln lassen und anschließend pürieren.

Die restliche Butter mit dem Pürierstab unterrühren. Mit Salz, Pfeffer und Zitro-

Einkaufszettel

ZUTATEN FÜR VIER PERSONEN

FÜR DEN PFITZAUF

250 g Mehl

500 ml Milch

4 Eier

1 Prise Salz

50 g Parmesan

50 g Butter

FÜR DIE SAUERAMPFERSAUCE

100 g Sauerampfer

1 kleine Zwiebel

40 g Butter

200 g Sahne

Zitronensaft

Salz, Pfeffer

Vegetarische Hauptspeisen

Walnussküchle auf Zuckerschoten mit Kürbissauce

Obwohl Walnussbäume heute zum festen Bestandteil unserer Kulturlandschaft gehören, müssen sie doch streng genommen als Einwanderer betrachtet werden. Wobei allerdings nicht gesichert ist, wann sie in unserer Region heimisch geworden sind. Zwar wurden bei Ausgrabungen in der Nähe von Pfahlbauten Walnussschalen gefunden. Trotzdem geht die Wissenschaft davon aus, dass sie erst während der römischen Antike zu uns gelangten. Dafür spricht auch der ursprüngliche Name »Welschenbaum«. Denn die Bezeichnung »welsch«, aus der sich später der Begriff Walnuss entwickelte, verweist auf eine italienische oder französische Herkunft.

Vegetarische Hauptspeisen

Die vitaminreichen Kraftpakete eignen sich hervorragend zur Zubereitung von Küchle, wobei ihr feines Nussaroma durch Gemüse aller Art wunderbar ergänzt wird. Für uns Schwaben als »Nassesser« ist natürlich auch eine Sauce wichtig, wofür Kürbisse eine ideale Grundlage darstellen. Auch sie sind kein schwäbisches Urgestein. Der Zeitpunkt ihrer Einwanderung lässt sich jedoch recht genau benennen, was wir dem Tübinger Mediziner Leonhard Fuchs verdanken, der Mitte des 16. Jahrhunderts für seine Kräuterbücher Holzschnitte anfertigen ließ, die unter anderem Kürbisse zeigen.

Kürbissauce rundet den Geschmack der Walnussküchle vortrefflich ab. Gleichwohl sind die Küchle vielfältig genießbar. Man kann sie ebenso auf dem Grill erwärmen wie kalt als Zwischenmahlzeit oder als Häppchen zu Kaffee, Bier oder Wein schnabulieren. Und sollte wider Erwarten einmal ein Restle übrig bleiben, lässt sich dieses sehr gut einfrieren.

ZUBEREITUNG

Kürbis waschen, schälen und in kleine Würfel schneiden. Mit Fett und Zucker scharf anbraten. Mit Wasser ablöschen und mehr Wasser zugeben, bis alles gut bedeckt ist. Nach dem Weichkochen Sahne zugeben und pürieren. Reduzieren, bis die gewünschte Konsistenz erreicht ist. Mit Zitronensaft, Pfeffer und Salz abschmecken.

Für die Walnussküchle die Brötchen zerkleinern und in lauwarmem Wasser einweichen. Währenddessen die Zwiebel schälen und fein schneiden. Die Walnüsse in einer Pfanne ohne Öl kurz anrösten. Dann etwas Öl und die Zwiebel zugeben. Das Ganze andünsten, bis die Zwiebel glasig ist. Petersilie zugeben und abkühlen lassen.

Die eingeweichten Brötchen gut ausdrücken, mit den Eiern und der Walnuss-Zwiebel-Masse vermengen. Falls die Masse zu feucht ist, etwas Semmelbrösel zugeben. Mit Salz und Pfeffer würzen. Daraus zwölf runde, flache Küchle formen. Butterschmalz in einer Pfanne erhitzen und die Walnussküchle darin anbraten, bis sie schön goldbraun sind.

Die Zuckerschoten waschen, entstielen und kurz in Salzwasser blanchieren.

Einkaufszettel

ZUTATEN FÜR VIER PERSONEN

FÜR DIE KÜRBISSAUCE

250 g Speisekürbis

Fett zum Anbraten

1–2 TL Zucker

Sahne nach Belieben

Zitronensaft nach Belieben

Salz, Pfeffer

FÜR DIE WALNUSSKÜCHLE

6 EL gemahlene Walnüsse

2 altbackene Brötchen

2 Eier

1 Zwiebel

2 EL fein geschnittene Petersilie

Öl

evtl. Semmelbrösel

Salz, Pfeffer

Butterschmalz

600 g Zuckerschoten

Vegetarische Hauptspeisen

Kräuterwaffeln mit Parmesan und Kräuterdip

Wer im Deutschen Wörterbuch der Gebrüder Grimm nach dem Begriff »Waffel« sucht, findet folgende Erklärung: »Die Waffel ist ein uraltes niederfränkisches Fest- und Fastengebäck, ähnlich den Krapfen, Strauben usw. in andren deutschen Landschaften, durch die Franken nach Frankreich gebracht, in Deutschland von den Rheingegenden aus allmählich allgemeiner verbreitet. Sie pflegen jetzt bei Festlichkeiten, auf Jahrmärkten gebacken zu werden, in den Häusern bei besonderen Gelegenheiten ...«

Das ist für den Schwaben reichlich irritierend. Nicht nur, dass unsere schwäbischen Waffeln anscheinend keiner Erwähnung wert sind, sondern auch, dass sie angeblich eher auf dem Markt als im eigenen Haushalt zubereitet werden.

Das Verwirrspiel lässt sich leicht aufklären, wenn man bedenkt, dass sich der Name Waffel vor allem auf hartes, keksartiges Gebäck, wie zum Beispiel Neapolitaner und Eiswaffeln, bezieht. Außer der bienenwabenartigen Prägung haben sie jedoch kaum etwas mit der schwäbischen Variante gemein, die außen knusprig und innen schön luftig sein muss und traditionell in Herzform gebacken wird.

Früher fand sich in fast jeder schwäbischen Küche ein Waffeleisen. Denn die Waffeln – in ihrer schwäbischen Form – sind eine einfache und preisgünstige Mahlzeit, die sich aus wenigen Zutaten schnell und kinderleicht zubereiten lässt: Teig anrühren, im Waffeleisen backen, Puderzucker drüberstreuen und fertig. War man ausnahmsweise mal etwas verschwenderisch, also aushausig, wie man im Schwäbischen sagt, gab's vielleicht noch etwas Gsälz oder eingedünstetes Obst dazu.

In ihrer schlichten Form kommen Waffeln allerdings mittlerweile nur noch bei Schulfesten auf den Tisch. Eingefleischte »Süßzähne« bereichern sie heute gerne mit Nutella, Schokoladensauce, Marzipan, Sahne oder am besten mit allem zusammen.

Liebhaber der nicht unbedingt klassischen herzhaften Variante bereiten ihre Waffeln mit Zwiebeln, Knoblauch, Spinat, Speck, Bärlauch oder Bacon und Käse zu. Mit Kräutern und Parmesan ergeben sie eine perfekte vegetarische Mahlzeit.

ZUBEREITUNG

Kräuter für die Waffeln waschen und sehr fein hacken. Aus Mehl, Milch und Eigelb einen glatten Teig rühren. Nach und nach gibt man das Backpulver, die zerlassene Butter, den Parmesan und zuletzt das steif geschlagene Eiweiß und die Kräuter in den Teig. Mit einer Prise Salz würzen.

Das erhitzte Waffeleisen dünn einfetten, einen Schöpflöffel Teig in die Mitte geben, gut verteilen, zuklappen und die Waffel goldbraun backen. Restlichen Teig analog verarbeiten, fertige Waffeln im Ofen warm halten.

Für den Dip die Crème fraîche mit Pfeffer und Salz würzen und den klein geschnittenen Schnittlauch unterrühren.

Dazu reicht man beispielsweise Rucola-Radicchio-Salat mit Weintrauben.

Vegetarische Hauptspeisen

Einkaufszettel

ZUTATEN FÜR VIER PERSONEN

FÜR DIE WAFFELN

250 g Mehl

250 ml Milch

4 Eigelb

4 Eiweiß

100 g zerlassene Butter

½ Päckchen Backpulver

1 Prise Salz

Fett für das Waffeleisen

100 g fein geriebener Parmesan (oder Bergkäse)

½ Bund Schnittlauch

3 Stiele Petersilie

FÜR DEN DIP

300 g Crème fraîche

½ Bund Schnittlauch

Pfeffer, Salz

Rucola, Radicchio und Weintrauben zum Dekorieren

Vegetarische Hauptspeisen

Albzarella-Dinnete mit Tomaten und Basilikum

Vegetarische Hauptspeisen

Die mächtigen schwarzen Albbüffel gehören heute zu den populärsten tierischen Botschaftern der Schwäbischen Alb. In den Broschüren der Fremdenverkehrsverbände sind sie mittlerweile fast ebenso stark vertreten wie die in der Tourismuswerbung allgegenwärtigen Schafherden. Noch vor wenigen Jahren hat die Wiederansiedlung der heutigen Werbeträger Kopfschütteln und Geläster ausgelöst.

Doch die zahmen und zugleich robusten Tiere haben sich in ihrer neuen Heimat gut integriert. Mit ihrem dichten Fell trotzen sie der winterlichen Kälte auf der Schwäbischen Alb und können so das ganze Jahr auf der Weide verbringen. Auch ihr Charakter scheint in die Landschaft zu passen. Denn sie sind angeblich genauso dickschädig und eigensinnig, wie man das den Älblern gerne nachsagt. Das mag auch an ihren »schwäbischen Wurzeln« liegen. Immerhin haben sie vor rund 120 000 Jahren schon einmal die Schwäbische Alb besiedelt, wie urzeitliche Funde belegen.

Mittlerweile ist die Marke Albbüffel weit über die Region hinaus bekannt. Unter Genießern hat sich vor allem der so genannte Albzarella, der zu 100 Prozent aus Büffelmilch besteht, zu einem Geheimtipp entwickelt. Geschmacklich gesehen liegen Welten zwischen dem Büffelmozzarella von der Schwäbischen Alb und seinem aus Kuhmilch hergestellten Namensvetter, der für wenige Cents bei allen Supermärkten und Discountern erhältlich ist.

Der Albzarella zählt zu den interessantesten Impulsen, die die schwäbische Küche in den vergangenen Jahren erfahren hat und verbindet sich auf vorzügliche Weise mit unseren traditionellen einheimischen Gerichten wie Spargel, Bubaspitzle und Dinnete.

ZUBEREITUNG

Die Hefe mit etwas Milch und der Prise Zucker glattrühren. Zusammen mit den restlichen Zutaten zu einem glatten Teig verarbeiten, bis er Blasen wirft und sich leicht von der Schüssel löst. Mit einem Tuch abdecken und an einem warmen Ort bis zur doppelten Höhe aufgehen lassen.

In der Zwischenzeit den Ofen auf 200 Grad vorheizen. Den Albzarella und die Tomaten in Scheiben oder Stifte schneiden und kühl stellen.

Für das Tomatensugo die Zwiebel schälen, in kleine Würfel schneiden und mit dem Olivenöl anbraten. Die gewaschenen und in Würfel geschnittenen Tomaten zugeben. Etwas einkochen lassen, dann die gehackten Kräuter zugeben, reduzieren und alles mit Pfeffer und Salz abschmecken. Zur Seite stellen und abkühlen lassen.

Den Teig auf einer bemehlten Unterlage in kleine Portionen aufteilen und auswellen. Mit dem Tomatensugo bestreichen, mit den geschnittenen Tomaten und Albzarella belegen und ca. 15 bis 20 Minuten backen. Vor dem Servieren mit Pfeffer und Salz würzen und mit frischem Basilikum bestreuen.

Einkaufszettel

ZUTATEN FÜR VIER PERSONEN

FÜR DEN HEFETEIG

500 g Mehl

20 g Hefe

250 ml Milch

1 TL Salz

1 Prise Zucker

100 g flüssige Butter

FÜR DEN BELAG

4 Albzarella (Mozzarella von der Alb)

8–10 Tomaten

frischer Basilikum zum Dekorieren

FÜR DAS TOMATENSUGO

1 Zwiebel

4 Tomaten

Pfeffer, Salz

nach Belieben frische, klein gehackte Kräuter (Oregano, Majoran, Thymian)

Olivenöl

Vegetarische Hauptspeisen

"Mir brauchet onser Mehl zom Spätzlemache«, soll Pfarrer Flattich gesagt haben, als er bei Herzog Carl Eugen zu Tisch saß und nicht – wie seinerzeit bei Hof üblich – mit gepuderten Haaren erschien, was vom gestrengen Herzog prompt moniert wurde.

Es sei dahingestellt, ob der evangelische Pastor gegenüber seinem katholischen Landesherren tatsächlich diese aufmüpfige Antwort gewagt hat, die ihn leicht auf den Hohenasperg hätte bringen können. Aber auch wenn diese Anekdote nicht der historischen Wahrheit entsprechen sollte, wirft sie ein bezeichnendes Licht auf unsere schwäbische Küche. Mehl ist viel zu wertvoll, um sich damit die Haare zu pudern. Denn daraus kann man immer etwas Gutes zubereiten, vor allem unsere allerheiligsten schwäbischen Köstlichkeiten: Spätzle, Knöpfle, Pfannkuchen und Dampfnudeln.

Letztere wurden noch bis in die Nachkriegszeit hinein vorzugsweise als süße Hauptmahlzeit gereicht und gerne mit Kompott oder Vanillesauce verzehrt. Besonders begehrt war die goldbraune Kruste, die sich beim Kochen unter den Hefeteigkugeln bildet.

Auf der Schwäbischen Alb kannte man allerdings schon vor Jahrhunderten eine herzhafte Variante, die Schleifersbrüh, wobei man die Dampfnudeln auf Kartoffeln und zuweilen Sauerkraut kochte.

ZUBEREITUNG

Die Hefe mit etwas Milch und der Prise Zucker glatt rühren. Zusammen mit den restlichen Zutaten zu einem glatten Teig verarbeiten, bis er Blasen wirft und sich leicht von der Schüssel löst. 12 bis 16 Nudeln formen und auf einem bemehlten Backbrett gut ge-

Thymian-Dampfnudeln auf Pilzragout

Vegetarische Hauptspeisen

Einkaufszettel

ZUTATEN FÜR VIER PERSONEN

FÜR DIE DAMPFNUDELN

500 g Mehl

20 g Hefe

250 ml Milch

1 TL Salz

1 Prise Zucker

100 g flüssige Butter

AUSSERDEM

Niedriger Brattopf mit 22 cm Durchmesser

125 ml Wasser oder Milch

1 TL Salz

1 nussgroßes Stück Butter

FÜR DIE FÜLLUNG

1 Zwiebel

1–2 TL frischer Thymian

2 EL gemahlene Walnüsse

Olivenöl

Salz, Pfeffer

FÜR DAS PILZRAGOUT

1 Zwiebel

400 g Pilze

Fett zum Anbraten

1 gehäufter TL gehackter, frischer Rosmarin

1 Schuss Sahne

Salz, Pfeffer

hen lassen. In einem niedrigen Brattopf ⅛ Liter Wasser oder Milch mit der Butter und dem Salz zum Kochen bringen. Die aufgegangenen Nudeln dicht an dicht in den Topf setzen. Mit einem gut schließenden Deckel abdecken und ca. 12 bis 15 Minuten kochen, ohne den Deckel abzunehmen. Die Nudeln sind fertig, wenn die Flüssigkeit eingekocht ist und der Duft der sich bildenden Kruste nach außen dringt. Solange man noch das brodelnde Geräusch der kochenden Flüssigkeit hört, darf der Deckel keinesfalls abgenommen werden!

Nun für die Füllung den Thymian waschen und klein schneiden. Walnüsse und Zwiebel in Olivenöl kurz andünsten, Thymian hinzugeben und mit Salz und Pfeffer abschmecken. Damit die fertigen Dampfnudeln füllen.

Zuletzt die Pilze säubern und in feine Scheiben schneiden. Zwiebel schälen, klein schneiden und mit Fett anbraten. Pilze und Rosmarin zugeben und weiterbraten. Mit Sahne ablöschen, etwas reduzieren lassen und mit Salz und Pfeffer abschmecken.

Vegetarische Hauptspeisen

Vegetarische Maultaschen mit Pilz-, Paprika-, Spinatfüllung

Natürlich haben wir Schwaben schon immer gewusst, dass unsere Maultaschen eine ganz besondere Leckerei sind. Umso mehr freut es uns, dass diese Erkenntnis inzwischen auch bei der EU angekommen ist, die unsere heimische Leibspeise 2009 als regionale Spezialität unter ihren Schutz gestellt hat.

Vegetarische Hauptspeisen

Die Maultaschenverordnung definiert neben Aussehen, Ursprung, Konsistenz und Herstellung auch den Inhalt der Teigtaschen. Zulässig ist nicht nur die weithin bekannte und gemeinhin als traditionell betrachtete Fleischfüllung, sondern auch Gemüsebrät.

Damit knüpft die Beschreibung der EU an Rezepte an, die im späten 18. Jahrhundert in schwäbischen Kochbüchern erschienen und den heutigen Küchenklassiker mit verschiedenen Füllungen präsentierten.

ZUBEREITUNG

Eier, Wasser und Salz gut miteinander vermengen. Mehl nach und nach zugeben und so lange durchkneten, bis ein glatter, zarter Teig entsteht. Teig mit einem feuchten Tuch abdecken und ca. 30 Minuten ruhen lassen.

Kartoffeln waschen, schälen und klein schneiden. In Salzwasser gar kochen und durch eine Kartoffelpresse drücken. Pilze säubern und klein schneiden. Paprika waschen, Stiel und Kerne entfernen und in sehr kleine Würfel schneiden. Spinat waschen und gut abtropfen lassen. Zwiebel schälen und in kleine Würfel schneiden. Mit der Hälfte der Zwiebel die Pilze und den Paprika in Öl anbraten und mit Salz und Pfeffer würzen. Die restliche Zwiebel mit Öl gut anbraten, dann den Spinat und Sahne zugeben und gar kochen. Die Flüssigkeit vom Spinat weitestmöglich reduzieren. Mit Salz, Pfeffer und Muskat abschmecken. Abkühlen lassen und dann alles mit den Kartoffeln gut vermengen. Die Masse darf nicht zu feucht sein, evtl. mit Semmelbröseln ausgleichen. Evtl. nochmals mit Pfeffer und Salz abschmecken.

Den Nudelteig auf einer bemehlten Arbeitsfläche auf ca. 50 x 25 Zentimeter auswellen.

Rechts, entlang der kurzen Seite, aber mit 4 bis 5 Zentimeter Abstand zum rechten Rand, 3 bis 4 kleine Portionen der Füllung von oben nach unten auf dem Teig platzieren. Um die Füllung herum mit verquirltem Ei bestreichen. Dann den Teig vom rechten Rand her so über die Füllung legen, dass links von der Füllung ca. 1,5 Zentimeter breit Teig auf Teig liegt. Rund um die Füllungen die Teiglagen gut festdrücken und mit einem Messer oder Rändelrad entlang der doppelten Teiglage die Maultaschen ausschneiden. So weiter verfahren, bis die Füllung aufgebraucht ist.

Die Maultaschen dann in einem großen Topf in siedendem Salzwasser portionsweise ca. 8 bis 12 Minuten garziehen lassen.

Die beiden Zwiebeln schälen, in Ringe schneiden, im Butterschmalz goldbraun anbraten und vor dem Servieren auf die Maultaschen geben.

Einkaufszettel

ZUTATEN FÜR VIER PERSONEN

FÜR DEN TEIG

250 g Mehl

2 Eier

½ TL Salz

ca. 60 ml Wasser (ca. 1–2 halbe Eierschalen)

FÜR DIE FÜLLUNG

150 g Pilze

1 Paprika nach Wahl

150 g frischer Spinat

120 g Kartoffeln

1 Zwiebel

Öl

1 Schuss Sahne

Semmelbrösel

Pfeffer, Salz, frisch geriebene Muskatnuss

AUSSERDEM

2 Zwiebeln

Butterschmalz

1 verquirltes Ei

Vegetarische Hauptspeisen

Hefeknöpfle auf grünen Bohnen mit Semmelbrösel-Schmelze

Knöpfle und Hefeknöpfle sind urschwäbische Spezialitäten, die von Nichtschwaben häufig verwechselt werden. Tatsächlich sind jedoch – trotz gänzlich unterschiedlicher Zubereitungsart – durchaus Gemeinsamkeiten vorhanden. Beide sind sich nicht nur optisch ähnlich, sondern gelten auch als klassische Beilage zu dunklen Saucen, Braten aller Art, Rehrücken und Rouladen.

Während Knöpfle allerdings nie ganz aus der Mode kamen, gerieten Hefeknöpfle, die außerhalb Schwabens vollkommen unbekannt sind, in Vergessenheit. In Privathaushalten werden sie nur noch äußerst selten zubereitet und auf den Speisekarten schwäbischer Restaurants sucht man sie vergebens.

ZUBEREITUNG

Die Hefe mit etwas Milch und einer Prise Zucker glatt rühren. Zusammen mit den restlichen Zutaten zu einem glatten Teig verarbeiten, bis er Blasen wirft und sich leicht von der Schüssel löst. Mit einem Tuch abdecken und an einem warmen Ort bis zur doppelten Höhe aufgehen lassen.

Aus dem Teig runde Knöpfle formen, nochmals kurz gehen lassen und dann in siedendem Salzwasser ca. 20 Minuten gar ziehen lassen.

Die Bohnen waschen, entstielen und kurz in Salzwasser blanchieren.

Nach Belieben Semmelbrösel mit Butterschmalz in einer Pfanne anbräunen.

Einkaufszettel

ZUTATEN FÜR VIER PERSONEN

500 g Mehl

20 g Hefe

250 ml Milch

1 TL Salz

1 Prise Zucker

100 g flüssige Butter

600 g grüne Bohnen

Semmelbrösel nach Belieben

Butterschmalz

Süßspeisen

Süßspeisen

Osterlamm mit Chaudeausauce

In der Vergangenheit spielten Gebildebrote, die meist zu kirchlichen Feiertagen zubereitet und gereicht wurden, eine wichtige Rolle im Jahres- und Lebenslauf. Die Bezeichnung Gebild- oder Gebildebrot geht darauf zurück, dass dieses Backwerk nicht mit Hilfe eines Models oder einer Backform angefertigt, sondern frei von Hand geformt, also gebildet wird. Gelegentlich trifft man auch auf den Namen Sinn- oder Bildergebäck, da die künstlerisch und aufwändig gestalteten Teigwaren häufig in figürlicher oder symbolischer Form an den religiösen oder traditionellen Anlass ihrer Zubereitung erinnern.

Das bekannteste Beispiel unter den Brauchtumsgebäcken dürfte vermutlich das gebackene Osterlamm sein, das der Legende zufolge armen Menschen das tierische Original ersetzen sollte.

Daneben erinnern auch Sterne zum Erscheinungsfest, Himmelsleitern zu Allerheiligen und Schweinchen zu Neujahr in ihrer figürlichen Darstellung an das christliche oder jahreszeitliche Ereignis, auf das ihre Entstehung zurückgeht.

Aus wissenschaftlicher Sicht gilt der Begriff Gebildebrot allerdings mittlerweile nicht mehr als zeitgemäß. Geprägt wurde er im 19. Jahrhundert durch den Volkskundler und Historiker Ernst Ludwig Rochholz. Dem damaligen Zeitgeist entsprechend vermuteten er und seine Zeitgenossen hinter jedem Gebäck, auch wenn es noch so profan war, ein »kultisches« Brauchtum. Später wurde diese Vorstellung von der nationalsozialistischen Propaganda aufgegriffen, die nicht davor zurückschreckte, harmlose Gebäckstücke zum »germanischen Sonnensystem« zu stilisieren. Neuere Forschungen haben derartige Thesen jedoch eindeutig widerlegt.

Die Tradition der Gebildebrote lebt durchaus weiter, wenngleich der eigentliche, zumeist religiöse Zusammenhang im Bewusstsein vieler Zeitgenossen keine große Rolle mehr spielt. Dadurch unterziehen sich nur noch wenige der Mühe, das Gebäck tatsächlich von Hand zu bilden. Zumeist kommen Formen zum Einsatz, sodass man korrekterweise von Sinn- oder Bildergebäck sprechen sollte.

Vor dem Verzehr spenden wir unserem Osterlamm etwas süße Flüssigkeit in Form von Chaudeausauce, einer Weißweinsauce, die man auf gut Schwäbisch als »Schoddosoß« bezeichnet.

Der fruchtige Geschmack frischer Beeren ist eine willkommene Bereicherung, sofern man vom letzten Sommer noch welche eingefroren hat. Ansonsten kann man natürlich auch sehr gut Kompott dazu servieren.

ZUBEREITUNG

Die Zutaten der Reihe nach zu einem Rührteig verarbeiten. Anschließend die Form einfetten, mit Mehl bestäuben, den Teig einfüllen und im unteren Bereich des vorgeheizten Backofens backen. Aus der Form lösen und mit Puderzucker bestäuben oder mit einer Glasur überziehen.

Temperatur im Elektroherd 180 Grad, bei Umluft 160 Grad, im Gasherd Stufe 2 bis 3. Backzeit ca. 40 Minuten.

Für die Chaudeausauce die Eier mit dem Zucker in einer Schüssel schaumig rühren. Die Speisestärke mit etwas Wein anrühren und zu der Zucker-Ei-Masse geben. Den restlichen Wein in einem Topf anwärmen. Anschließend wird die Zucker-Ei-Speisestärke-Masse in den Wein eingerührt. Unter ständigem Rühren einmal aufkochen lassen (keinesfalls länger kochen, denn das würde zum Gerinnen führen).

Einkaufszettel

ZUTATEN FÜR VIER PERSONEN

FÜR DAS OSTERLAMM (FÜR EINE FORM MIT 0,8 L FASSUNGSVERMÖGEN)

100 g Butter oder Margarine

100 g Zucker

1 Päckchen Vanillezucker

1 Prise Salz

2 Eier

1 EL Rum

60 g gemahlene Nüsse

60 g Mehl

60 g Speisestärke

1 ½ TL Backpulver

FÜR DIE CHAUDEAUSAUCE

2 Eigelb

1 Ei

160 g Zucker

½ EL Speisestärke

500 ml Weißwein

Süßspeisen

Apfelkratzete von der Gewürzluike mit Lavendeleis

Heute dienen Mehlspeisen kaum noch als billige Sattmacher für arme Leute. Gleichwohl zählt das Schwabenland nach wie vor zu den klassischen Getreideregionen. Während unsere Liebe zu Kartoffeln eher verhalten ist, sind Pfannkuchen, Spätzle, Bubaspitzle & Co stets willkommen. Auch Kratzete gehört zu den traditionellen Bäuchlesfüllern, die aus Mehl, Milch und Eiern zubereitet werden. In der Vergangenheit genoss man sie gerne mit Äpfeln, die seit dem 16. Jahrhundert weitläufig in Württemberg angebaut wurden.

Seinerzeit begannen die Landesherren, den systematischen Obstanbau zu fördern, um die Ernährungslage der Bevölkerung zu verbessern. Die Begeisterung der Untertanen hielt sich zunächst jedoch in überschaubaren Grenzen. Die erforderliche Überzeugungsarbeit leistete erst der Most, der aus dem nicht ganz freiwillig angebauten Obst gewonnen wurde. Mit der Förderung des Obstanbaus legten die württembergischen Herzöge gleichzeitig auch den Grundstein für unser heutiges Streuobstgebiet, das mit einer Fläche von etwa 26 000 Hektar zu den größten zusammenhängenden in Europa gehört und sich durch eine große Vielfalt an Arten und Sorten auszeichnet.

ZUBEREITUNG

Für das Eis die Lavendelzweige waschen, trocknen, mit der Sahne und den Orangenzesten in einen Topf geben und erhitzen. Puderzucker zugeben und rühren, bis er vollständig aufgelöst ist. Die Mischung durch ein Sieb gießen. Die Eigelbe in eine Rührschüssel geben und schaumig schlagen. Nach und nach die Lavendel-Sahne unterrühren. Die Ei-Sahne-Masse wieder in einen Topf geben und unter ständigem Rühren leicht erhitzen. So lange rühren, bis die Masse eine cremige Konsistenz bekommt. Abkühlen lassen und in eine flache Schale füllen.

Das Lavendeleis ca. 5 Stunden im Tiefkühlgerät gefrieren lassen, dabei alle 30 Minuten umrühren. Alternativ in eine Eismaschine geben und den Angaben des Herstellers folgen. Beim Anrichten mit Lavendelblüten dekorieren.

In der Zwischenzeit wird die Apfelkratzete angefertigt. 1 Ei trennen und das Eiweiß steif schlagen. Eier und Eigelb, Mehl, Milch und Salz zu einem glatten Teig rühren. Zum Schluss den Eischnee unterrühren. Äpfel schälen, in Scheiben schneiden und Kerngehäuse entfernen. Einen Teil der Apfelringe in einer Pfanne mit Butterschmalz anbraten. Mit einer Portion Teig bedecken und weiter braten, bis der Teig auf der Unterseite etwas Farbe angenommen hat. Dann zerteilen und weiter braten, bis alle Teile eine goldbraune Farbe haben. Im vorgeheizten Ofen warm halten. In gleicher Weise den restlichen Teig mit den Äpfeln zubereiten und warm halten. Vor dem Servieren nach Belieben mit Zimt und Zucker bestreuen und zusammen mit dem Eis servieren.

Süßspeisen

Einkaufszettel

ZUTATEN FÜR VIER PERSONEN

FÜR DIE KRATZETE

(alle Zutaten sollten Zimmertemperatur haben)

3 Eier

180 g Weizenmehl

300 ml Milch

1 Prise Salz

2 Gewürzluiken

Zucker, Zimt

Butterschmalz zum Anbraten

FÜR DAS LAVENDELEIS

600 ml Sahne

150 g Puderzucker

4 Eigelb

dünne Zesten einer unbehandelten Orange

6 blühende Lavendelzweige

2 EL Lavendelblüten

Süßspeisen

Im Agrarland Württemberg, das über keine nennenswerten Bodenschätze verfügte und erst relativ spät industrialisiert wurde, war eine ertragreiche Ernte überlebensnotwendig. Sowohl wetterbedingte Missernten als auch marodierende Soldaten verursachten jedoch immer wieder verheerende Hungerkatastrophen. Besonders groß war das Elend, nachdem im Sommer 1816 Unwetter und Hagelstürme die komplette Ernte vernichtet hatten. In ihrer Not kochten die hungernden Menschen Wurzeln, Gras und Heu zu Suppen. Als im folgenden Jahr wieder eine üppige Ernte eingebracht werden konnte, wurde das frohe Ereignis im ganzen Land mit Dankgebeten, Dankgottesdiensten, geschmückten Erntewagen und Glockengeläut gefeiert. Nach der eben überstandenen Hungersnot fiel die Würdigung des segensreichen landwirtschaftlichen Ertrags besonders intensiv aus. Allerdings haben unsere Vorfahren zu allen Zeiten ihrer Dankbarkeit über gute Ackererträge in vielerlei Bräuchen Ausdruck verliehen.

Neben dem heute noch gebräuchlichen Erntedankfest war in Schwaben vor allem die Sichelhenke, gelegentlich auch als Sichellege bezeichnet, weit verbreitet. Nachdem die letzten Felder abgeerntet worden waren, sprachen die Bauern ein Dankgebet. Der letzte Erntewagen wurde feierlich geschmückt. Dann legten die Erntearbeiter ihre Sicheln ab, woraus sich die Bezeichnung Sichellege ableitet. An den Balken der Scheunen hängten die Schnitter ihr Werkzeug auf. Auf diese Aktivität geht der heute gebräuchlichere Namen des Erntebrauchs zurück: Sichelhenke.

Anschließend gab es für alle beteiligten Erntehelfer ein ausgelassenes Fest. Ausgerichtet wurde es vom Bauern, der damit auch den Einsatz seiner Knechte und Mägde honorierte. Bei Tanz, Erntebier und zuweilen auch Wein ließ man die kräftezehrende Feldarbeit hinter sich. Natürlich gab es auch eine üppige Mahlzeit, bei der die in heißem Fett ausgebackenen Erntekühle nicht fehlen durften.

ZUBEREITUNG

Zunächst gibt man das Mehl in eine Schüssel und drückt eine kleine Mulde hinein, in die man die zerbröckelte Hefe bzw. die Trockenhefe gibt. Dann fügt man die lauwarme Milch, Butter, Zucker, Eier, Salz und die abgeriebene Zitronenschale hinzu und knetet daraus einen glatten Teig.

Die Schüssel mit einem Tuch bedecken und den Teig bei Zimmertemperatur etwa eine halbe Stunde gehen lassen. Danach wird der Teig maximal 1 Zentimeter dick ausgewellt und mit einem nicht zu kleinen Glas in Kreise von etwa 7 bis 10 Zentimeter ausgestochen. Danach zieht man die Küchle so auseinander, dass in deren Mitte eine leichte Vertiefung entsteht und ein rund 2 Zentimeter breiter Rand erhalten bleibt. In heißem Backfett ausbacken, abtropfen lassen und vor dem Servieren mit Zimt und Zucker oder Puderzucker bestreuen.

Einkaufszettel

ZUTATEN FÜR VIER PERSONEN

500 g Mehl

25 g Hefe oder 1 Päckchen Trockenhefe

250 ml lauwarme Milch

60 g Butter

60 g Zucker

2 Eier

1 Prise Salz

1 abgeriebene Zitronenschale

Fett zum Ausbacken

Zucker und Zimt oder Puderzucker

Süßspeisen

Holunderblütenküchle

Ab Ende Mai senden die cremeweißen Blüten des Holunders einen duftenden Gruß des nahenden Sommers. Lange fand sich »Sambucus nigra« – so der Gattungsname des vor allem in Europa verbreiteten schwarzen Holunders – in fast jedem schwäbischen Garten. Denn der Strauch mit der kräftig riechenden Rinde ist ein wahrer Alleskönner, dessen Blüten und Früchte sowohl als aromatische Vitaminspender als auch als Heilmittel und Färbstoff zum Einsatz kommen.

Süßspeisen

Einkaufszettel

ZUTATEN FÜR VIER PERSONEN

8 Holunderblütendolden

250 g Mehl

15 g Zucker

1 Prise Salz

250 ml trockener Weißwein

20 ml Öl

abgeriebene Schale einer unbehandelten Zitrone

2 Eier

Öl, Fett oder Butterschmalz zum Frittieren

Puderzucker

Diese Eigenschaften wussten unsere Vorfahren bereits vor tausenden von Jahren zu schätzen. Umfangreiche Ausgrabungen durch das Landesamt für Denkmalpflege in Baden-Württemberg werfen ein interessantes Licht auf die Ernährungsgewohnheiten der jungsteinzeitlichen, bronze- und eisenzeitlichen Bewohner der Pfahlbausiedlungen unseres Landes. Der Speiseplan der Jäger und Sammler, denen die Kultur des Obst- und Gemüseanbaus noch nicht vertraut war, zeigt sich erstaunlich abwechslungsreich, wobei Holunder zu seinen festen Bestandteilen zählte.

In der Nachkriegs- und Wirtschaftswunderzeit geriet der fein fruchtige Vitaminspender allerdings ziemlich in Vergessenheit. Erst seit den 1970er-Jahren erlebte er im Zuge der ökologischen Bewegung eine Renaissance als gesunder Durstlöscher.

Im Schwäbischen wurde der Holler allerdings nie ganz vergessen. Wir lieben vor allem die Zubereitung der Blütendolden als Hollerküchle oder Holunderpfannkuchen in Teig aus Eiern und Mehl, der durchaus gerne mit Bier oder Wein verfeinert werden darf. Dabei kommt die fein herbe Frucht fast ausschließlich in süßer Form zum Einsatz. Herzhafte Varianten, etwa als Rotwein-Holunder-Sauce zu Wild oder Holunder-Rote-Rüben-Suppe, sind ausgesprochen selten.

Sehr beliebt sind dagegen Säfte, Sirup, Obstbrände, Liköre und natürlich Gsälz. Tatsächlich harmoniert Holunder mit fast allen Obstsorten ebenso gut wie mit Nüssen oder Esskastanien und bildet damit die ideale Grundlage für Eis, Milchshakes, Törtchen und Süßspeisen aller Art.

Hollerküchle und -pfannkuchen können als eigenständige Mahlzeit, als Nachspeise oder »Kuchenersatz« zu Kaffee oder Tee genossen werden. Süße Naschkatzen werden dazu Vanilleeis, Vanillesauce oder Apfelbrei nicht ausschlagen.

ZUBEREITUNG

Eigelb vom Eiweiß trennen und das Eiweiß steif schlagen. Mehl, Zucker, Salz und Weißwein vermengen. Dann das Eigelb, 20 ml Öl und die abgeriebene Zitronenschale nacheinander hinzufügen und alles zu einem glatten Teig verrühren. Anschließend das steif geschlagene Eiweiß unterheben.

Die Holunderblütendolden waschen und vorsichtig trocken tupfen. Öl, Fett oder Butterschmalz zum Ausbacken in einem Topf oder einer Fritteuse erhitzen. Die Holunderblütendolden einzeln durch den Teig ziehen und im heißen Fett ausbacken, bis sie knusprig hellbraun sind. Mit Puderzucker bestreuen und heiß servieren.

Ofenschlupfer

Ofenschlupfer gelten zwar als eine urschwäbische Angelegenheit. Gleichwohl finden sich auch in anderen Regionalküchen artverwandte Mehlspeisen. Der süße Auflauf ist sozusagen ein Bilderbuchbeispiel für sinnvolle Resteverwertung, kann man auf diese Weise doch vom altbackenen Brot oder Weckle bis zum harten Hefekranz alles recyceln.

Ofenschlupfer, die sowohl in Bayern als auch in einigen Regionen des Schwabenlandes als Scheiterhaufen bezeichnet werden, werden traditionell mit Äpfeln, Rosinen, Mandeln und einer cremigen Sahne-Eier-Mischung zubereitet. Es sind aber auch herzhafte Varianten mit Käse, Zwiebeln, Speck, Spinat oder Lachs möglich. Der Phantasie sind hier keine Grenzen gesetzt.

ZUBEREITUNG

Die Äpfel waschen und schälen. Das Kernhaus entfernen und die Äpfel in Scheiben schneiden. Die Weckle respektive den Hefezopf ebenfalls in Scheiben schneiden. Sodann eine feuerfeste Auflaufform einfetten. In diese legt man abwechselnd eine Schicht von den Wecken bzw. dem Hefezopf und den Apfelscheiben. Dabei sollte eine Lage Brötchen den Abschluss bilden. Darüber gibt man den Zucker, die Rosinen und die gehackten Mandeln.

Anschließend werden die Eier und die Milch verrührt. Dann gießt man die Eiermilch über die Apfel-Brötchenschichten in die Auflaufform und lässt das Ganze im vorgeheizten Backofen bei 180 Grad etwa 45 Minuten backen. Je nach Belieben mit Kompott, Vanille- oder Chaudeausauce warm servieren.

Einkaufszettel

ZUTATEN FÜR VIER PERSONEN

6 altbackene Weckle oder ½ altbackener Hefezopf

2 Äpfel

50 g Zucker

50 g Rosinen

50 g gehackte Mandeln

2 Eier

500 ml Milch

Gefüllte Pfannkuchen mit Erdbeeren

Süßspeisen

Einkaufszettel

ZUTATEN FÜR VIER PERSONEN

2 Eier

250 g Mehl

375 ml Milch

1 Prise Salz

Butterschmalz zum Ausbacken

Gsälz

1 Schale Erdbeeren

nach Belieben Puderzucker oder Zimt zum Bestreuen

Das Schwabenland gehört traditionell zu den Getreideregionen in Deutschland. Dabei dienten Pfannkuchen und andere Mehlspeisen nicht nur als billige Sattmacher, sondern in katholischen Gegenden auch als Fastenspeise. Denn die strengen Fastengebote der katholischen Kirche, die sich allerdings im Lauf der Jahrhunderte mehrfach änderten, verboten an bis zu 130 Tagen des Jahres den Genuss von Fleisch.

Erlaubt war dagegen fast alles, was aus Mehl zubereitet werden konnte. So haben also nicht nur der Mangel, sondern auch die rigorosen Fastenvorschriften – zumindest in den katholisch geprägten Regionen Schwabens – zur Entwicklung und Verfeinerung von Mehlspeisen beigetragen.

ZUBEREITUNG

Alle Zutaten für den Teig sollten unbedingt Zimmertemperatur haben. Zunächst wird das Mehl mit den Eiern und der Hälfte der Milch sowie dem Salz zu einem dicken, glatten Teig verrührt. Anschließend fügt man die restliche Milch hinzu, um damit den Teig zu verdünnen.

In einer Stielpfanne das Butterschmalz erhitzen und mit einer Schöpfkelle etwas Teig in die Pfanne geben und gleichmäßig verteilen. Den Pfannkuchen zuerst auf der einen, dann unter Zugabe von etwas Butterschmalz auf der anderen Seite goldgelb anbraten. Die fertigen Pfannkuchen im Ofen oder auf einer erwärmten Platte bis zum Verzehr warm halten. Den Vorgang so lange wiederholen bis der ganze Teig verarbeitet ist.

Dann die warmen Pfannkuchen mit Gsälz bestreichen, aufrollen und mit den Erdbeeren heiß auftragen.

Süßspeisen

Apfelmaultaschen mit Kernercreme

Süßspeisen

Rebsorten werden gemeinhin nach dem Ort ihrer Züchtung oder nach dem verantwortlichen Rebenzüchter benannt. Auch jene Neuzüchtung des Jahres 1929, die wir heute als Kerner kennen, wurde zunächst nach ihrem Züchter August Herold benannt. Erst später erfolgte die Umbenennung des »Weißen Herold« zu Ehren des Dichters Justinus Kerner.

Dieser lebte als Amtsarzt in Weinsberg, wo er ein gastfreundliches Haus führte, zu dessen Besuchern unter anderem Nikolaus Lenau, Herzog Max von Bayern, Graf Alexander von Württemberg, Eduard Mörike, Ludwig Uhland, David Friedrich Strauß, Emanuel Geibel und Ferdinand Freiligrath zählten. Justinus' Sohn Theobald Kerner hat mit »Das Kernerhaus und seine Gäste« ein unvergleichliches Zeugnis dieser interessanten Begegnungen hinterlassen.

Im Gegensatz zum Kerner ist der Schillerwein übrigens nicht nach dem gleichnamigen Dichter benannt. Der Wein, der aus einem Gemisch roter und weißer Trauben hergestellt wird, verdankt seinen Namen vielmehr den unterschiedlich schillernden Rottönen des Getränks.

Das fein fruchtige Aroma des Kerner-Weins verbindet sich vorzüglich mit Obstmaultaschen aller Art. Sie lassen sich mit verschiedensten Obst- und Beerensorten zubereiten, wobei man natürlich auch Mischungen wählen kann, sofern die verschiedenen Bestandteile nur miteinander »harmonieren«. Als Zugabe eignen sich nicht nur Rosinen, sondern auch in Zucker geröstete Mandeln, ebenso wie Mohn, Schokolade und Marzipan.

ZUBEREITUNG

Das Mehl auf eine Arbeitsfläche oder ein Nudelbrett geben und in der Mitte eine Mulde formen. Eier, Öl und Salz in die Vertiefung geben. Daraus knetet man einen festen Teig, den man, wenn er die richtige Konsistenz – nicht zu trocken und nicht zu klebrig – erreicht hat, in Frischhaltefolie 20 bis 30 Minuten im Kühlschrank ruhen lässt.

Währenddessen werden die Äpfel entkernt, geschält, in kleine Stücke geschnitten und ganz kurz im Wein angedämpft. Aus dem Sud, den man später noch für die Kernercreme benutzen kann, herausnehmen, mit den Rosinen vermischen und mit Zimt und Zucker abschmecken.

Den Nudelteig auf einer leicht bemehlten Arbeitsplatte mit einem Nudelholz dünn auswellen, in längliche Streifen schneiden und die Ränder rundum mit Eiweiß bestreichen. Die Füllmasse in kleinen Häufchen auf die untere Hälfte der Teigstreifen setzen, die obere Hälfte darüberklappen und an den Rändern festdrücken. Im kochenden Wasser knapp zehn Minuten ziehen lassen, herausnehmen und abtropfen lassen. Eventuell mit etwas Zimt bestreuen und mit der Kernercreme warm servieren.

Für die Creme den Kerner langsam erhitzen, Zitronenschale abraspeln und Zitronensaft auspressen. Mit Eigelb, Zucker und Speisestärke verrühren und peu à peu zu dem kochenden Kerner geben. Kurz aufkochen und vor dem Servieren etwas abkühlen lassen.

Einkaufszettel

ZUTATEN FÜR VIER PERSONEN

FÜR DEN MAULTASCHENTEIG

400 g Mehl

4 Eier

½ Schnapsglas Öl

Salz

2 Eiweiß zum Bestreichen der Ränder

FÜR DIE FÜLLUNG

60 g Rosinen

125 ml Kerner

6 Äpfel

Zucker, Zimt

FÜR DIE KERNERCREME

500 ml Kerner

1 Zitrone

100 g Zucker

3 Eigelb

2 gestrichene EL Speisestärke

Süßspeisen

Nonnenfürzle

Süßspeisen

Bis heute konnte der Ursprung des Wortes Nonnenfürzle nicht befriedigend geklärt werden. Dafür haben die zahlreichen diesbezüglichen Erklärungsversuche zu einer Vielzahl an folkloristischen, phantasievollen und teilweise auch kuriosen Legenden und Mutmaßungen geführt.

Einer Theorie zufolge könnte es sich bei dem Wortzusatz Fürzle um eine Verballhornung des französischen Wortes »Farce«, das in der Küchensprache für »Füllung« steht, handeln, da die schwäbische Gebäckspezialität früher zuweilen auch mit einer süßen Füllung in Form von Gsälz oder Beeren hergestellt wurde.

Die volkstümliche Erklärung fällt dagegen deutlich prosaischer aus. Ihr zufolge ist der Name für die süße Köstlichkeit eher lautmalerisch zu interpretieren. Denn wenn die Teigklößchen gebacken werden, bildet sich in ihrem Inneren ein kleiner Hohlraum und dabei entsteht ein Geräusch, das – pardon! – an eine nicht ganz lautlose Flatulenz erinnert.

Verfolgt man die Herkunft des Begriffes jedoch etwas genauer, stößt man auf das mittelniederdeutsche Wort »nunnekenfurt«, was so viel bedeutet wie »von den Nonnen am besten zubereitet«. Und damit sind natürlich nicht die rückwärtigen Winde der Klosterfrauen gemeint, sondern das leckere, in heißem Fett gebratene Brandteiggebäck.

Über Jahrhunderte hinweg war der Speiseplan breiter Bevölkerungskreise in Schwaben von Mangel geprägt. Den meisten Menschen standen nicht nur viel zu wenige, sondern auch nur eine bescheidene Auswahl an Lebensmittel zur Verfügung. Neben Fleisch zählte Zucker zu den schier unerschwinglichen Luxusgütern. Erst nachdem zu Beginn des 19. Jahrhunderts der großflächige Zuckerrübenanbau in Deutschland erfolgte, wurde Zucker auch für weniger Begüterte erschwinglich. Gleichwohl blieben süße Naschereien eine nicht alltägliche Leckerei.

Versoffene Jungfrauen sind eine interessante kulinarische Weiterentwicklung der Nonnenfürzle und stehen dem Original in punkto kuriose Namensgebung in nichts nach. Hierbei wendet man die Nonnenfürzle, die nun als Jungfrauen bezeichnet werden, in süßem Wein und verzehrt sie anschließend mit einer Weinschaumsauce. Danach erübrigt es sich, über die Herkunft des Namens »versoffene Jungfrauen« zu philosophieren, denn hier ist buchstäblich »in vino veritas«.

Einkaufszettel

ZUTATEN FÜR VIER PERSONEN

1 l Milch

70–80 g Butter

250 g Mehl

1 TL Backpulver

4 Eier

40–50 g Zucker

1 Prise Salz

abgeriebene Schale von 1 Zitrone

Backfett oder Pflanzenöl zum Ausbacken

ZUBEREITUNG

Milch, abgeriebene Zitronenschale, Butter, Salz und Zucker in einen Topf geben und aufkochen lassen. Anschließend das Mehl hinzufügen und so lange kräftig rühren, bis sich die Teigmasse vom Topf löst. Dann gibt man die Teigmasse in einen anderen Topf und lässt sie etwas abkühlen.

Anschließend die Eier verquirlen und zusammen mit dem Backpulver mit dem Teig vermengen. Nachdem man diesen gut verrührt hat, sticht man mit einem Teelöffel Teigstückchen ab und lässt sie in etwa 180 Grad heißem Fett schwimmend backen, bis sie goldgelb sind. Dann werden die Nonnenfürzle kurz auf ein Stück Küchenrolle gelegt, um das Fett etwas aufsaugen zu lassen, und anschließend mit Puderzucker bestreut.

Süßspeisen

Kirschenmichel mit Kirschgritze und Kirschsahne

Kirschen waren in unserer Region bereits im Mesolithikum, also 8000 bis 5000 vor Christus, als Nahrungsmittel verbreitet. An die Veredelung der Kirschen dachte seinerzeit natürlich noch kein Mensch. Diese wurde erst im 19. Jahrhundert üblich. Nun entstanden zahlreiche so genannte Obstgärten, in denen der Obstanbau systematisch betrieben wurde, wie zum Beispiel das Pomologische Institut in Reutlingen, das von Eduard Lucas, dem bedeutendsten Obstkundler des 19. Jahrhunderts gegründet wurde und sich der Förderung und Unterstützung des damaligen württembergischen Königspaares erfreuen konnte.

Süßspeisen

Kirschen bieten vielfältige Verwendungsmöglichkeiten: Während man Süßkirschen vorzugsweise roh verzehrt, da sie in gekochter Form eher bescheiden schmecken, eignen sich Sauerkirschen für zahlreiche Zubereitungsarten: als Pfannkuchenfüllung, Nachtisch, Gsälz oder Kuchenbelag, als Saft und Dörrobst, als Beilage zu Eis, Pudding, Wild und Ente.

Eine beliebte schwäbische Süßspeise ist der Kirschenmichel, traditionell eigentlich ein Resteverwertungsgericht, bei dem man seine altbackenen Weckle mit Kirschen veredelte.

ZUBEREITUNG

Für die Kirschgrütze Kirschen entstielen, waschen und entsteinen. (Glaskirschen abtropfen lassen, dabei den Saft auffangen und mit Wasser auf ½ Liter auffüllen.) Wein und Stärke glatt rühren. Saft, 5 EL Zucker und Zitronenschale aufkochen. Stärke einrühren, unter Rühren aufkochen. Kirschen unterheben. Frische Kirschen ca. 3 Minuten köcheln lassen. Zitronenschale entfernen und mindestens 3 Stunden auskühlen lassen.

Für den Kirschenmichel das Eiweiß gut schaumig schlagen und kühl stellen. Die Förmchen einfetten und mit Semmelbröseln ausstreuen. Backofen auf 200 Grad vorheizen. Ein Backblech mit hohem Rand mit so viel Wasser füllen, dass es als Wasserbad für die Förmchen dienen kann. Butter schaumig rühren. Eigelb und Zucker zugeben und gut vermischen. Quark und Grieß beifügen und zu einer schaumigen Masse rühren. Backpulver, Zitronenabrieb und Mandeln einrühren und zuletzt die Kirschen und den Eischnee unterheben. Bis knapp unter den Rand in die Förmchen füllen. Die Förmchen in das Wasserbad stellen und in den Ofen schieben. Ca. 15 Minuten backen.

Für die Kirschsahne die süße Sahne mit dem Zucker steif schlagen. Dabei nach und nach etwas Kirschsaft zugeben.

Nach dem Backen die Förmchen etwas abkühlen lassen, dann mit einem Messer vorsichtig am Rand entlang lösen und auf vorgewärmte Teller stürzen. Mit der Kirschgrütze und der Kirschsahne servieren.

Einkaufszettel

ZUTATEN FÜR VIER PERSONEN

FÜR DEN KIRSCHENMICHEL

150 g weiche Butter

4 getrennte Eier

100 g Zucker

500 g Quark

150 g Grieß

1 TL Backpulver

Abrieb von 1 unbehandelten Zitrone

50 g gemahlene Mandeln

1 kg entsteinte Kirschen

8–12 kleine Souffleeförmchen

Butter und Semmelbrösel für die Förmchen

FÜR DIE KIRSCHSAHNE

1 Becher süße Sahne

1 TL Zucker

Kirschsaft

FÜR DIE KIRSCHGRÜTZE

500 g frische Sauerkirschen und 500 ml Kirschsaft oder 1 Glas (720 ml) Kirschen

5 EL Rotwein oder Kirschsaft

2 gehäufte EL (30 g) Speisestärke

5 EL Zucker

Schale von ½ unbehandelten Zitrone (am Stück)

Süßspeisen

Stuttgarter Weincreme mit Schneebällchen

Einkaufszettel

ZUTATEN FÜR VIER PERSONEN

FÜR DIE WEINCREME

4 Eigelb

100 g Zucker

1 EL Stärkemehl

Saft von 2 Zitronen

375 ml Weißwein

200 g Sahne

FÜR DIE SCHNEEBÄLLE

2 Eiweiß

1 TL Zucker

125 ml Milch

Zitronenmelisse und Trauben zum Garnieren

Stuttgart gilt als »Stadt zwischen Wald und Reben«. Denn die terrassierten Steilhänge, auf denen der Stuttgarter Wein angebaut wird, reichen teilweise sogar bis in die Innenstadt hinein und prägen damit das einzigartige Erscheinungsbild der Landeshauptstadt.

Durch die hohe Sonneneinstrahlung und das fast schon mediterrane Klima des Talkessels ist Stuttgart für den Rebenanbau geradezu prädestiniert. Und so sind trotz des enormen Wachstums der Großstadt heute noch relativ stattliche zwei Prozent des Stadtgebiets dem Weinbau vorbehalten.

Aus dem Riesling der Landeshauptstadt kann eine Weincreme zubereitet werden, die sich mit fluffig süßen Schneebällchen wunderbar verfeinern lässt.

ZUBEREITUNG

Das Eigelb mit Zucker schaumig rühren. Anschließend das Stärkemehl nach und nach zugeben. Zitronensaft und Wein einrühren. Die Masse unter Rühren auf dem Herd vorsichtig erhitzen. Sobald die Masse beginnt, dick zu werden, vom Herd nehmen. Weiterrühren und abkühlen lassen. Anschließend die Sahne steif schlagen und unter die Creme ziehen.

Für die Schneebälle Eiweiß mit dem Zucker sehr steif schlagen. Milch zum Kochen bringen und mit 2 kleinen Löffeln Schneebälle formen. Auf die Milch setzen, zudecken und etwa 3 Minuten ziehen lassen. Dann vorsichtig herausnehmen und auf die Weincreme setzen.

Mit Trauben und Zitronenmelisseblättchen garniert servieren.

Register

A
- Alblinsen-Kastaniensuppe 9
- Albzarella-Dinnete mit Tomaten und Basilikum 94
- Allgäuer Käsesuppe mit Kräutercroûtons 18
- Apfelkratzete von der Gewürzluike mit Lavendeleis 104
- Apfelmaultaschen mit Kernercreme 112

B
- Beschwipste Honauforelle 66
- Bodensee-Fischtopf 72

E
- Ernteküchle 106

F
- Filet vom Bodenseefelchen im Kräuterflädleteig auf Rahmsauerkraut 62
- Flädlesuppe 14
- Fleischküchle in Mandelumhüllung mit Albkäsefüllung 44
- Forellencreme-Pralinen im Blätterteig 70

G
- Gaisburger Marsch 10
- Gefüllte Pfannkuchen mit Erdbeeren 111
- Grünkernsuppe 28

H
- Hefeknöpfle auf grünen Bohnen mit Semmelbrösel-Schmelze .. 100
- Hirnsuppe mit Eierstich 23
- Hochzeitssuppe 12
- Holunderblütenküchle 108

K
- Kartoffelsuppe mit Laugencroûtons 22
- Katzengschroi 32
- Kirschenmichel mit Kirschgrütze und Kirschsahne 116
- Kräuterwaffeln mit Parmesan und Kräuterdip 92
- Krautkrapfen vom Filderkraut ... 54
- Kürbis-Ofengemüse mit Ziegenkäse im Honig-Nuss-Mantel 86

L
- Lachs-Forellen-Terrine von der Neckarforelle 60
- Lachsfilet mit Zitronensauce und Wildreis 59
- Lachsmaultaschen 64
- Lammkeule vom Alblamm mit Backpflaumen gefüllt 56
- Linsen und Spätzle 50
- Luggeleskäs mit frischem Walnussbrot 75

M
- Maronenbraten 80
- Maultaschen in der Brühe 16
- Medaillons vom Schönbuch-Wildschwein mit Wirsingküchle .. 31
- Mostbraten 34

N
- Nonnenfürzle 114

O
- Ochsenschwanzsuppe vom Limpurger Weideochsen 26
- Ofenschlupfer 110
- Ofenschlupfer vom Federsee-Zander auf Prinzessbohnen mit Zitronensauce 68
- Osterlamm mit Chaudeausauce 102

P
- Pfannkuchen mit Mangoldgemüse und Pinienkernen 78
- Pfitzauf mit Sauerampfer 88
- Polenta-Spinat-Roulade auf Alblinsen 84

R
- Rehbraten mit Maronenspätzle 46
- Remstäler Schneckensuppe 24
- Rinderrouladen mit Pinienkernen 42

S
- Sauerampfersuppe mit Bodensee-Saibling 20
- Sauerbraten vom Hohenloher Ochsen 40
- Saure Kartoffelrädle 81
- Saure Kutteln mit Mostessig und Bratkartoffeln 38
- Saure Nierchen 48
- Schwäbischer Hefezopf mit Schinken-Käse-Füllung 49
- Stuttgarter Leberkäs im Meerrettich-Senf-Mantel 36
- Stuttgarter Weincreme mit Schneebällchen 118

T
- Tarte mit Gaishirtle und Ziegenkäse 82
- Thymian-Dampfnudeln auf Pilzragout 96

U
- Ulmer Spargel mit Rhabarber-Vinaigrette 76

V
- Vegetarische Maultaschen mit Pilz-, Paprika-, Spinatfüllung .. 98

W
- Walnussküchle auf Zuckerschoten mit Kürbissauce 90

Z
- Zwiebelkuchen 52

Bildnachweis

Shutterstock:Suti Stock Photo: passim; The_Pixel: passim; nevodka: S. 1, 2, 4, 14, 34, 40, 116, 120; bigacis: S. 5, 32; Rutina: S. 5; MaraZe: S. 6, 44; Max Maier: S. 7; Tanya_mtv: S. 7; Jiri Hera: S. 9, 11, 37, 68; MeSamong: S. 10; Elena Blokhina: S. 12; Liudmila Beliavskaia: S. 15; Vitaliy Karimov: S. 16; Elena Schweitzer: S. 17, 51, 92, 93, 95; Max Lashcheuski: S. 18, 44; tomertu: S. 20; nazarovsergey: S. 24; Midiwaves: S. 26, 52, 96; iravgustin: S. 26; casanisa: S. 26; Art Stocker: S. 28, 92; marilyn barbone: S. 28 links; Madlen: S. 28 rechts; ULKASTUDIO: S. 28; nadianb: S. 31, 66, 72; StudioPhoto-DFlorez: S. 34; Alina Kholopova: S. 36; Olena Boronchuk: S. 38; Melica: S. 39; VICUSCHKA: S. 40; Sharaf Maksumov: S. 42; Nedim Bajramovic: S. 46; Viktor1: S. 48, 80; Von HandmadePictures: S. 49; Golbay: S. 50; Lyudmila Tetera: S. 52; Stockcreations: S. 52; Alexeysun: S. 54; cmccg: S. 56; robertsre: S. 57; Evgeny Karandaev: S. 59, 102; zefirchik06: S. 60; Plateresca: S. 62; ilolab: S. 64; Spring song: S. 70; Tim UR: S. 71; quangmoo: S. 72; images72: S. 74, 104; All for you friend: S. 74; KariDesign: S. 76; Toro_the_Bull: S. 78; cdstocks: S. 80; Andriy Boyko: S. 82; Kateryna Bibro: S. 84; ydumortier: S. 84, 85; vanilla22: S. 86; Maria Uspenskaya: S. 86; tag2016: S. 88; Backgroundy: S. 90; Dokmaihaeng: S. 90; Brilliance stock: S. 94; Africa Studio: S. 96; Svetlana Klimovich: S. 96; D_M: S. 98; Ester_K: S. 98; Julia Sudnitskaya: S. 100; Bon Appetit: S. 106; O_Schmidt: S. 108; Prostock-studio: S. 110; Maks Narodenko: S. 111; S_Photo: S. 112; Flaffy: S. 114; MasterQ: S. 116; Mariyana M: S. 118; alicja neumiler: S. 118.

Adobe Stock:eugenesergeev: passim; Mara Zemgaliete: S. 9, 22, 32; silencefoto: S. 41.

Alle Rezeptfotos und die Freisteller auf Seite 2, 10 und 22: Katharina Hild.